代際創傷

讓傷害到我為止

曾多聞——著

目次
Contents

第一部 走出原生家庭

看不見的傷口與無法面對孩子的父母……8
那曾經拉我一把的老師……12
媽媽的粽子……16
恐怖父母與恐怖情人……20

第二部 漫長的自我復健

那天之後，我開始了長達五年的心理諮商……26
治癒內在小孩，讓我成為更好的人……30
那一年，當我的小學好友說想死……34
都當媽了，為什麼我還會做升學考試的噩夢？……38
想要被愛，就是覺醒的開始……42
養育一個固執的小孩……46
「媽媽，我想好好生個氣」……50

第三部 建立新的家庭

為什麼我仍然相信婚姻……56
我愛你，但我仍然需要自己的時間和空間……60
被妻子趕出家門的男人……63
不論我有幾個孩子（或者有沒有孩子）……67
弟斯拉來襲！……71
手足競爭的心理學……76
「弟弟很棒，但我是我」……80

第四部 童年與教養的拉鋸

我就是被打大的，現在還不是活得好好的？……86
受到辱罵、毆打的孩子不會停止愛父母，但會停止愛自己……91
正是因為生氣，所以不打小孩……95
我不打孩子，不是不管教孩子……100
不要陷入「都是因為孩子」的思維陷阱……104
職場媽媽的小幸福……109

第五部

接受自己的脆弱與不完美

臉書上的完美媽媽，為何攜六子自殺？……114
壞媽媽……119
爸媽不需要事事都知道，
我可以告訴孩子「我不知道」……123
我心目中的完美節日季與完美生日趴……126
被允許脆弱的孩子，才能真正堅強……131
寫給我兒的兩封信……134

第六部

斬斷代際傷痛

讓傷害，到我為止……142
那一夜，我感謝美國路人的雞婆……147
內向的家長，能教養出有社交自信的孩子嗎？……152
生氣過後，練習向孩子道歉……156
教養一個和自己一模一樣的孩子……160
跟孩子一起成長！「戒吼」永不嫌遲……164

第七部　原諒過去，釋放自己

回娘家的路，我走了十三年……168
滷豬腳，喚醒童年的快樂回憶……173
重新認識爸爸……176
又過了三年，我還在回娘家的路上……180
疫情讓我認清自己與娘家的關係……185
最後，我終於放棄了回娘家……189

後記　有些時候，離家才能找到自我……194

{第一部}

走出原生家庭

看不見的傷口與無法面對孩子的父母

「我的左腿有點不良於行，那是小時候被我媽打的。」

在十五年的記者與作家生涯中，我收到過無數的讀者來信。大部分的來信有一個主旨明確的開頭，像是：「謝謝您的文章，我覺得很有啟發／很受療癒。」或者：「妳根本沒去過美國／沒生過小孩吧！亂寫一通！」

但是這封來信的開頭很不同。這樣一句「我的左腿有點不良於行，那是小時候被我媽打的」，似乎很隨意，卻又很沉重。

這封信寫得很長。一開始，她寫到媽媽每次打她，都表現得情緒失控，歇斯底里，有一天終於把她的左腿打斷了。儘管如此，她媽媽自認為是一個溫和的人，覺得自己比她外婆好很多，因為「媽媽說外婆是個不知輕重的人，做事情是，管教小孩也是。不論大事小事，打起小孩就是抱著我今天就是要打死你的那種態度」。

而她自己，小時候除了恐懼，也從未想過，媽媽的行為可能是不對的。「我有些同學的爸媽也會打小孩。我媽說本來就是這樣，打小孩很正常，沒有誰不打小孩，她算是好的。而我竟然就一直相信她那些鬼話。」

所以儘管被打斷了腿，她從來沒有恨過媽媽。直到最近。

「有一天，我聽見我媽斬釘截鐵地告訴別人，說她是個受過教育的人，不可能打小孩。」聽到媽媽這樣說的她，感到一陣作嘔，然後就吐了。

她寫道：「真的，我真的吐了。」

然後她描述了整個過程：一開始是某一天，她媽媽和其他太太談到打小孩的話題。她媽媽說要從重從狠，小事就要往死裡打，不然等出大事再打就來不及了。

但是其他太太都說，她們管教孩子都是用講的，或者是罰站，很少打小孩。還有幾個太太說自己是從來不打小孩的。

她媽媽顯得格格不入，當場就有點下不了台，事後很生氣地說：「那些人都是在撒謊，根本沒有不打小孩的，說不打小孩的都是在撒謊，想炫耀自己與眾不同。」

後來，她媽媽發現真有家庭是不打小孩的，那些家庭的小孩長大了並沒有「出大事」，跟家長的關係也比較好，而且這樣的家庭還很多。於是她媽媽改口對別人說，「我很少打小孩，都是沒辦法才打。」

最近，她媽媽開始告訴別人，自己從來不打小孩。這終於惹怒了她。她在信上寫道：「時代往前發展了，像我媽那種父母被淘汰了。令我生氣的是，現在她應該知道自己做錯了，卻不認錯，也不道歉，反而撒謊……。她還對別人說我的腿是從樹上跌下來摔斷的。」

最後，她寫道：「我才發現，原來我這麼恨我媽……。這樣講好像很不孝，但我想妳一定可以理解我。」

沒有人可以完全體會另一個人的傷痛，但從某方面來說，我想我是理解她的。我的媽媽也是打小孩卻不承認，她會對親友說我身上被她打的傷是跟妹妹打架弄傷的，甚至把我說成一個誇大、妄想的孩子，來掩飾自己的所作所為，直到今天，我對她的行為仍然感到厭惡與憤怒。

我最大的憤怒，還不是媽媽說謊，而是在我們作為孩子的心中，都有一種想與父母和解的願望——成為母親之後，我深刻的體會到，就算是最差勁的母親，孩子還是依戀的。但是，當父母不只是拒絕道歉而是從根本上否認自己曾經施暴，就把這種和解的可能性完全抹去了。

我回信給這位讀者，告訴她我生了小孩以後，就致力與父母和解，但非常困難，因為我的父母也是從根本上否認自己做過的事。但我的努力並非一無所獲，因為我從中學習到，父母否認虐兒的根本原因，就是因為隨著時代的推進，他們已經認識到自己錯了，卻沒有勇氣去承擔。這些父母連自己都無法面對，又怎麼去面對孩子呢？

好在，就算無法與父母和解，我們仍然可以原諒他們。和解的第一步，就是放下對父母不切實際的期待。所謂知恥近乎勇，有這種勇氣的人本來就很少，父母也是凡人，不敢承認錯誤、不敢面對孩子，又有什麼好奇怪？但是，要不要原諒他們、釋放自己，決定權仍然在做子女的我們手上。

回信最後，我問她是否允許我寫文章分享她的故事。過了幾天，她回信了：「像這樣的故事一定不只我一人，只是大家不講而已。妳寫吧，反正寫了也沒人知道那是誰。」

於是這便是她的故事，關於一個無法面對孩子的母親，和想與媽媽和解卻無從和解的女兒。

那曾經拉我一把的老師

我們無法選擇自己的父母，無法選擇自己生在什麼樣的家庭，無法選擇自己的命運。我不幸生在一個暴力的家庭，卻有幸遇到很好的老師，帶我走出死蔭幽谷，茁壯成長。

小時候，我常常挨打，身上老是帶傷。但是，在外人眼中，我們是一個模範家庭。我的爸爸是個建築師，有豐厚的收入。我的媽媽是個家庭主婦，出門在外

時，待人接物總是謙和有禮。我還有兩個學業成績優秀的妹妹。

剛上小學的時候，我身上的傷疤引起了小兒科醫師的注意，醫師問起時，我不假思索地說：「是媽媽打的。」

但立刻，我媽媽面不改色地對醫師說：「這是她自己跟妹妹打架弄傷的。這孩子愛幻想，又總是撒謊，我都不知道該怎麼辦。」

當下，我整個人都傻了。

一回到家，媽媽一把抓起我的手臂，指甲深深地陷進我的皮肉裡；另一手拿起藤條抽打我的肩背、大腿、屁股，同時罵道：「不要臉的東西！再在外面說我打妳，我就把妳活活打死，妳試試看！」

看著藤條裂成鬚狀，我一點也不懷疑媽媽的話。那是我第一次意識到，原來打人或被打，是一件不好的事。在那之前，我一直以為那很正常。

在學校裡，安靜、膽怯、寫字整整齊齊、做事規規矩矩的我，是那種容易得老師疼的小孩。我很喜歡上學。在學校的時候，我得以暫時從家裡逃出來，喘一口氣。對當時的我來說，這就夠了。我沒想到的是，竟然有細心的老師，發現了我在教室外的處境。

我從小喜歡寫作，因為我朋友很少，藉由閱讀和寫作躲進自己的世界裡，能讓我覺得比較不寂寞。但是媽媽禁止我寫那些亂七八糟的東西，理由是影響功課。她經常搜查我的書桌抽屜及床下，發現原稿一律沒收。我寫的東西到最後都會成為她嘲笑我的材料，或處罰我的理由。

儘管如此，我無法放棄。我把稿紙帶到學校去，用下課的時間寫。有時候寫到欲罷不能，上課鈴響以後，我就把紙筆藏在桌子下面，偷偷地寫。國三上學期有一天，我終於被導師抓到了。

被叫到辦公室的時候，我想不出什麼藉口來搪塞老師，只好把一切都照實說了。我心裡又慌又苦。爸爸媽媽一直恐嚇我，說我被打是活該，因為我是個壞孩子，如果我告訴別人我被爸媽打，他們只會討厭我，覺得我是個非常壞的孩子。

但老師聽完了，卻說：「妳是一個好孩子。寫寫文章也不是什麼壞事。」

那天以後，老師幫我把原稿保留在辦公室，讓我用自習課寫自己想寫的東西。在緊鑼密鼓準備聯考的國中最後一年，這點時間是很奢侈的。

後來，老師幫我把一篇小說原稿寄去《北市青年》，獲得錄用。我收到稿費，好高興，在屈臣氏買了一支資生堂的開架唇膏送老師。我還記得老師抿著嘴說：「謝謝妳，但是老師不擦這個。」

這位老師是個女漢子，卻有溫柔的心。她是數學老師，卻能發現班上有孩子在偷寫小說。她讓我覺得自己有才華，知道自己可以同時追求興趣也兼顧責任。

國三那一年，我前後發表了四篇小說，畢業後考上第一志願北一女中。

現在的我，以寫作為生。我永遠不會忘記這位老師的恩情。

每個人都是磕磕碰碰長大的。我的童年雖然被家暴陰霾籠罩，但也遇過多位好老師，還有在我逃家時買牛肉麵給我吃的警察叔叔。這些點點滴滴的溫情，讓像我這樣一個自卑又陰鬱的孩子有勇氣撥雲見日，好好長大。

台灣有教師節，美國有教師感謝周。每年這個時候，我就會想起所有曾經拉我一把的老師。有人說逆境才會讓人變得強大，但我覺得溫暖的善意更能滋養出真正強大的心靈。

遺憾的是，我長大以後，跟許多曾經的恩師都斷了聯絡，但他們灌注在我身上的善意，注滿了我的桶子，讓我在步出校園以後的日子裡，能繼續用這樣的善意照顧自己，還能用滿溢出的善意去照顧別人。

媽媽的粽子

粽子的味道總讓我想到媽媽，因為人家都是母親節的時候特別思念媽媽，我卻是端午節的時候才會想念媽媽。

我的媽媽是個嚴厲苛求的人。便當裡沒吃完的一口飯、作業簿裡答錯的一道題，都可以讓她抓起藤條、衣架或手邊任何方便的東西，把我打到屁股紅腫，當手邊沒有方便的東西可以用來打人時，媽媽甚至會直接抓我的手來咬。

考試成績沒有達到標準時（我媽媽唯一的標準就是滿分）會被處罰得多麼慘，就不用提了。我媽媽總說：「打妳都是為妳好，哪家小孩不挨打？不打妳成績怎麼會好？」

母親節時，學校老師說：「自己動手做一張卡片，媽媽收到一定會很高興！」

回到家，媽媽接過我做的卡片，只數落道：「有時間做這種沒用的東西，怎麼不去念書！」轉身就把卡片扔進垃圾桶。

但是，端午節就不一樣了。每逢端午，過節前幾天，媽媽就會開始刷粽葉、煮餡料，準備包粽子。因為端午節臨近期考、聯考等大大小小考試，媽媽總說：「我包粽，包妳中！」

包粽子討個好口彩，盼著我們姊妹都考個好成績。一包起粽子，媽媽脾氣也好了。媽媽總會跟她的姊姊、我的阿姨相約包粽子，一邊包一邊有說有笑。

我爸爸總是「誇獎」媽媽，說媽媽生完小孩以後十年都沒出門，聽得我毛骨悚然。如今回想起來，包粽子可能是媽媽「十年守著孩子沒出門」的主婦生涯中，難得的情緒出口。我喜歡趁媽媽在包粽子的時候，拿考爛的考卷給她看，她會皺著眉頭說：「看我包完粽子找妳算帳。」但是等包完粽子，她已經忘了。

粽子蒸出來，熱騰騰的，媽媽忙著招呼我們吃：「多吃一點，多吃一點！好不好吃？吃多一點，考好一點！」

媽媽的粽子做得很漂亮，但其實不是特別好吃，因為她喜歡海味，總是放很多蝦米、干貝，還包蚵乾，偏偏我怕腥，對這些食材都愛不起來。但是媽媽的粽子，我還是吃得很歡喜。一年當中就這時候，覺得媽媽還是疼愛我的。

從北一女到美國私大，媽媽的粽子和鞭子把女兒們都趕進了名校；從某一方面來說，她是成功的。

曾獲普立茲獎的美國記者、小說家瑪格麗特・米契爾（Margaret Mitchell）說過，少女的想像力，只夠把她們送到婚禮的祭壇前，卻不知道真正的生活在那之後才開始。在媽媽的高壓教育下，我的想像力也只夠把我送到出國留學的那一天，卻不知道真正的生活在那之後才開始。真正的人生，原來是考完試以後才開始的，我媽到底明不明白這一點呢？

我的小妹考上台大以後，媽媽就不再包粽子了。她說我們都已經考上好學校，不需要再「包粽、包中」。但我覺得那也是媽媽年紀漸大，加上罹患乳癌切除左腋下淋巴以後，左手就使不上力，無法再承擔包粽子那種粗重的工作了。我也漸漸忘了她那充滿特色的海味粽是什麼味道。

我媽和我阿姨共有六個孩子，只有特別賢慧的小表姊學會了做粽子的手藝。去年暑假她帶孩子來我家玩，包了好多海味粽子。粽子蒸出來，熱騰騰的，我咬一口，眼淚滴在手背上，那裡有小時候被媽媽咬傷留下來的疤痕。

媽媽，我不喜歡妳的方式，但我願意相信妳盡力了。

恐怖父母與恐怖情人

很久很久以前，在遇到現在的先生江小豬以前的少女時代，我曾經以為自己會嫁給別人——而那個「別人」不是一個人，而是我曾經有過的眾多前男友。

從十八歲第一次交男朋友開始，有很長一段時間，我每交一個新男友，認識不過兩、三個月，就死心塌地地覺得自己會嫁給他，這種莫名其妙的死心塌地，連我自己都覺得不可思議。

我一直到二十八歲才結婚，而那十年間所有的山盟海誓和死心塌地，全都不了了之；關於那些男人的記憶都隨著歲月消逝、褪色，然後混在一起，曾經以為自己會嫁的男人，最後都只是面目模糊地被塵封在記憶的深處。

關於他們，我只剩下一些片段的記憶：我曾經交往過比我大十幾歲的男人，他會送我名牌包和化妝品，會開車接送我，然後會說：「因為我這樣這樣對妳，所以妳應該如何如何回應我。」我對他言聽計從。至於後來為什麼沒有嫁給他呢？我不記得了。

我還交往過非常聰明的學霸，他是我從小一直希望成為的那種人，我真的想要永遠跟他在一起。但是我們最後分手了。分手那一天，在他父母家，他拿起了他媽媽的獵鹿槍，指著我的頭。我還記得那喀嚓一聲子彈上膛的聲音，記得那砰砰砰分不清是他的還是我的心跳聲，記得我真的以為自己就要死了。

但是我沒死，否則也不會坐在這裡寫文章了。我流下眼淚，他長嘯一聲放下槍，我立刻閃身跑出去，發動車子開回家，一路上似乎有很多車子對我按喇叭。但是我記不清了。

那件事，長長遠遠地影響了我，我開始反省自己，為什麼總是交往控制欲強、甚至有暴力傾向的男人，為什麼總是在交往初期就急於討好對方，為什麼會交男朋友交到險些送了命。

也是從那時候起，我尋求專業協助。雖然尋求專業協助的最初原因跟感情問題無關，但在那個過程中，我也開始釐清自己的親密關係。

我的心理醫師告訴我：「因為童年時，應該愛妳的父母卻威脅妳、毆打妳，導致妳潛意識裡把愛與暴力聯繫在一起。」

我搖頭哭泣，把臉埋在手心裡。我聽到醫師繼續說：「有些人，會陷在暴力關係中無法自拔；有些人，會成為施暴者。但這都是可以克服的，妳不要灰心。」

是的，我來自一個有嚴重暴力問題的家庭。我的父母會痛毆我，會拿著榔頭威脅要打死我。我對父母的行為深惡痛絕，但我沒有意識到的是，我是那麼的希望被他們疼愛，從他們身上得不到愛的我，就像一隻飢餓的小鳥，輕易地就往男人身上飛去。我以為他們可以把我救出暴力家庭的牢籠，但其實我只是把自己關進另一個牢籠裡。甚至在我赴美念書、逃到地球另一端以後，原生家庭依然如詛咒一般，在各種細微的地方影響我的人際關係。

再後來，我遇到了江小豬。在他的全力支持和持續的專業協助下，我努力克服「自己也會變成虐兒母親」的恐懼感，最終和他走入婚姻的殿堂。

現在，我是兩個兒子的媽媽。我絕不打他們，也不吼他們。因為慘痛的經驗教會我，如果我告訴他們，我打罵他們是為他們好，便是教他們混淆了暴力與愛。等他們長大後，便會信任傷害他們的人，因為那些人看起來跟媽媽好像。又或者，他們會傷害他們愛的人，因為理當最愛他們的媽媽，就是這樣傷害他們的。

江小豬深知我的心路歷程，他完全贊同我。我真的好幸運，走過那樣不堪的童年，那樣混亂的少女時代，竟能有這麼好的丈夫，還能有兩個這麼可愛的兒子。

有時候，我也會想起當年的男朋友們。我會想，他們是否也有過我所不知道的童年負面經驗？接受心理諮商之前的我，是個極度沒有安全感且情緒起伏巨大如海嘯的女孩，是否我也曾經讓他們痛苦不堪？

如果還有機會，我好想跟他們每個人都說對不起，告訴他們，我們都可以經過學習，擺脫原生家庭的咒詛，擺脫自己性格的弱點，變成更好的人。不當恐怖父母，不讓孩子變成下一個恐怖情人，我們都做得到。

{第二部}

漫長的自我復健

那天之後，我開始了長達五年的心理諮商

《華盛頓郵報》在二〇二二年的一則報導指出，大學生憂鬱問題嚴重，導致全美大學心理健康中心都人滿為患。看到這則報導，我心中百感交集。

二十年前，我逃離了有嚴重暴力問題的家庭，隻身來美求學，抱著再也不回台灣的決心。但是，求學的過程卻沒有我希望的順利。

根據美國移民局的規定，留學生必須維持全職學生身分，三・五的平均成績

積點，才能保持合法的居留身分。當我第一個學期有一門科目沒有達到八十分（表示積點低於四），我就慌了起來。因為過度擔心會被遣返，我跑到教授的辦公室裡爭分數，甚至哭起來。我還記得那中年女教授看我的樣子，她鏡片很厚，但擋不住她驚愕的眼神。

她對我說：「我不知道妳反應為什麼這麼大，這並不是特別不好的成績。」然後，她抽了一張面紙遞給我，又很溫和地說：「妳可能有點憂鬱的症狀，我寫個條子，讓妳去學生心理健康中心諮詢一下好嗎？」

那是二〇〇〇年代早期，我第一次聽到「憂鬱症」這個名詞，愣了一下。我很抗拒地說：「不要，我很正常，我只是不想回台灣。」

我想起自己已經年過二十，仍然經常遭到父母的辱罵毆打，一時之間委屈不已，更加無法控制地大哭起來。

教授說：「憂鬱症不是什麼不正常的事，我不知道你們亞洲人怎麼看這件事，但是在美國，很多人都會去給心理醫生諮商，這很普通，沒什麼麼的。」

然後她提筆寫了一張條子，遞給我，說：「拿著吧！妳想一想，去心理健康中心聊一聊，先去一次就好。覺得有幫助可以再多去幾次，覺得沒有幫助就不必再去，妳已經是個大人，這件事妳可以自己決定。」

當天下午，我就走進了學校的心理健康中心。當時的我，還不知道，自己會就此展開長達五年的憂鬱症療程。踏出校園以後，我還繼續接受心理諮商。

經過這個療程，我才得以走出童年陰影，走入婚姻生活，從自暴自棄的受虐兒，變成溫和堅定的母親。從某方面來說，來美留學帶給我最大的收穫，不是名門私立大學的文憑，而是失而復得的心理健康。

剛開始諮商時，我常常覺得有種壓力，好像被迫去討論一些自己覺得很羞恥的過往，去回憶自己不想再提起的事。但幸好有這個過程，我才有機會反省自己的家庭，也開始對自己當時的心理狀態有所了解——在那之前，我從未想到我爸爸媽媽的行為可能是不對的，我只想著要逃離他們；我也從未思考過我爸媽的言行對我造成了什麼影響、為什麼我一直那麼討厭自己，那麼理所當然地覺得自己就是一個沒用的人。

從這樣的親身經驗，我深切明白校園心理健康中心對學生的重要性。當我看到大學心理健康中心人滿為患、諮商師工作量超過負荷時，深感憂心。

我寫這篇文章的時候，兒少焦慮及憂鬱的比率，已經連續攀升好幾年。美國大學生心理諮商師協會指出，因為大學生憂鬱症人數暴增，很多大學已經無力繼續提供學生一對一諮商，而改用小組療法。身為曾經的憂鬱大學生、現在的教育記者及兩個孩子的媽媽，我真的希望，家有大學生的爸爸媽媽都能多關心孩子的心理健康。

美國大學生心理諮商師協會主席貝卡・史密斯（Becca Smith）接受《華盛頓郵報》採訪指出，很多大學生遇到困難，不敢跟父母說，寧可直接求助大學裡的心理健康中心，是造成大學心理諮商師負荷過重的主要原因之一。

家庭不能成為孩子的避風港，實在是件遺憾的事。很多大學生擔心父母知道自己的情況後會生氣。但可喜的是，像我爸爸媽媽那樣的父母畢竟是少數。當我讀到史密斯在採訪中指出，多數家長其實都很願意提供孩子支持，真的覺得很安慰。

我殷切盼望，所有的父母都能成為孩子的依靠，也讓孩子知道：不論發生什麼事，爸爸媽媽都支持他，也願意幫助他。這是鞏固孩子心理健康的第一步，也是減輕大學心理諮商師負擔最具體的辦法。

治癒內在小孩，讓我成為更好的人

第一次接受心理諮商時，我已經超過二十歲，但還在學校的課業、混亂的親密關係，以及莫名其妙的完美主義傾向當中掙扎。

有一天，我的諮商師請我想像自己仍然是個小孩子，正處在我童年記憶中最不愉快的一段時期。

她請我想像自己仍然陷在當年的情緒、信仰和記憶裡。於是，我看見一個小女孩，瑟縮在一個又小又暗的空間中，抱著頭躲避從頭頂落下來的拳打腳踢，但是無處可躲——這就是我童年最深刻的記憶：總是在被打，總是不知道自己為什麼被打，總是在徒勞無功地想要討好那個打我的人。

我的諮商師問我：「妳覺得那個小女孩需要什麼？」

我說：「我覺得……她需要一個擁抱，她需要有人告訴她她很好。」

諮商師說：「那妳可以在想像中給她一個擁抱嗎？妳可以告訴她，她很好！」

我在想像中擁抱了那個小女孩。我說：「妳很好、妳很好！」一開始小小聲的說，後來愈說愈大聲。

然後我哭了。不同於那瑟縮在暗室中的小女孩無助的哭泣，這次我落下的是一種終於解放的淚水，伴隨著一種難以形容的痛快心情。

從那天起，我就展開了療癒內在小孩的旅程。這個旅程直到今天還在繼續。內在小孩雖然是最近流行的名詞，但其實這個觀念早就有了。心理學家卡爾・榮格（Carl Jung）在一百年前就提出這個觀念，後續紐約過渡期護理中心（Nursing Transitions）跟賓州大學也分別在一九九一和二〇一五年發表研究，經由觀察童年負面經驗對生理健康的長期影響，探討童年經驗如何無聲無息地影響我們一輩子，以及已經成年的個人可以如何治癒童年留下來的舊傷。

我們會長大，我們的身體會變高變胖，我們的大腦會更加理性，但這都不會改變我們對童年的想法、感受和記憶。有些人有健康快樂的童年、有關愛他們的主要照顧者，他們很自然就能接受自己的內在小孩。但其他人可能有艱難的經歷，包括被虐待、被忽視、生活貧困、歷經父母離異或去世……。

而我就是第二種人。因為經歷這些困難的時候年紀還小，一直沒有機會也沒有意識到，自己應該去處理並放下這些痛苦的經驗，於是這些經驗伴隨著我，持續影響我成年後的行事風格。

經過心理諮商，我才理解到，大腦是如何把記憶、感受和經驗都混在一起。在美國留學時，有一次學期成績不如預期，我就反應過度，大哭大叫地跑去教授的辦公室鬧（回想起來，我一定是教授眼中的怪獸學生）。

接受諮商之後，我才知道，那其實不是我，而是我的內在小孩在大哭大叫，因為我的大腦把那次經驗，跟小時候被父母羞辱的經驗聯繫在一起。

年輕時，我交往過好幾個脾氣很壞的男朋友，其中有人發起脾氣來，甚至會拿槍指著我的頭，但我仍然不願意跟他分手。接受諮商之後，我才知道，那其實不是我的大腦喜歡他，而是我的內在小孩依戀他，因為童年時，應該愛我的父母卻痛毆我、威脅要殺死我，導致我潛意識裡把愛與暴力聯繫在一起。

最近幾年，我常常在社群媒體上看到這麼一句話：「幸福的人用童年治癒一生，不幸的人用一生治癒童年。」網路傳聞這句話是個體心理學創始人阿德勒（Alfred Adler）說的。

我卻認為，有幸福的童年固然是件幸運的事，但能有機會用一生來治癒童年，未嘗不是另一種幸運。我一直覺得，經由認識內在小孩的過程，理解我可以幫助自己、治癒自己，不必執著等待曾經錯待我的父母，那一句永遠不會來的道歉，其實是我今生最大的幸運。

基於好奇跟記者的本能，我做了一些研究，發現阿德勒其實並沒有說過那句「幸福的人用童年治癒一生，不幸的人用一生治癒童年」。這句話究竟是哪裡來的呢？恐怕已經不可考了。重要的是，我真正認識到，透過正視自己的童年，我更了解自己，成為更好的人；也讓後來的我，能為我的孩子當個更好的媽媽。

那一年，當我的小學好友說想死

我懷著小兒子迷你豬的時候，在生產前一個月，聽說母校北一女傳出新生跳樓身亡的憾事，於是又想起學生時代的一些往事。

國中一年級的某一天，我收到一個小學好友的來信。她在信裡傾訴中學生活的苦悶，寫道：「好想選擇結束生命。」我看了很擔心，又不知道該怎麼辦，便把信拿給媽媽看，說擔心朋友想自殺。

但是我做錯了。媽媽比我更驚慌，說：「怎麼會這樣，妳朋友腦筋有問題，以後不要跟她來往。」

不滿好友受辱，我反駁道：「她腦筋才沒有問題！我也有想死的時候。」

媽媽大怒，叫來爸爸，命令我跪下。爸爸用網球拍痛打我一頓，媽媽把信沒收。他們警告我：「再敢說想死，就真的讓妳去死。」

從某方面來說，我爸媽的管教得到了他們想要的效果。我再也沒跟他們談起有關自殺的話題。兩年後，我考上第一志願，穿上綠制服。在學的三年間，有兩位學姊燒炭自殺身亡、一位學妹割腕自殺未遂。我與學妹平日頗有來往，於是去醫院看了她好幾次。學妹平時是個開朗的人，但她劃的那一刀切斷了左手的動脈與神經，傷口深可見骨。那是我第一次認識到，每張笑臉的背後，或許都有不為人知的痛楚。這些事情我爸媽都不知道，我從未對他們提起。

當了記者以後，我讀到美國兒童及青少年心理健康機構的報告，指出逾半數家長發現孩子有自殘行為時，第一個反應是生氣並處罰孩子——就像我爸爸媽媽那樣。因為時下的青少年經常被視為脆弱、缺乏韌性、被過度寵愛的草莓族，很多家長以為孩子鬧自殺，只不過是小孩子耍脾氣的表現。

其實，青少年憂鬱問題是真實存在的，美國衛生及公共服務部統計指出，二〇一五年，超過三百萬十二到十七歲的美國青少年經歷憂鬱發作，其中兩百萬青少年憂鬱嚴重的程度，已經影響到日常生活。另有三成的女孩和兩成的男孩有焦慮問題。而且，專家認為，這個數字可能被低估，因為很多憂鬱、焦慮的青少年並未接受治療或被通報給主管機關。

後來，我在採訪工作中有機會跟知名的兒少精神學家哈達德（Fadi Haddad）醫師討論青少年自殺問題。他認為，當代的父母比過去更開明、當代的青少年課業壓力也不比過去大，但是拜社群媒體之賜，時下青少年面對著我們這一代人當年無法想像的人際壓力。他說：「每個星期，我們醫院急診室都會送來至少一個女孩，因為被社群媒體上的謠言困擾，或者被數位霸凌而自殘。」但當他打電話通知家長時，多數家長根本不知道孩子正在經歷的困境。而這些家長並不是對孩子漠不關心，他們當中很多人參與孩子的每場體育賽事，幫孩子看功課，甚至在孩子的學校當義工。

聽了醫師的這番話，我感嘆在這個瘋狂的時代，要養育一個心靈強大、能抵禦世態炎涼的孩子，是多麼不易。

當我請教醫師要怎麼做時，他誠懇地對我說：「我只能說，多關心孩子⋯⋯當你發現他們有問題時，千萬別生氣，要拿出同理心，站在孩子身邊，無論你覺得他的煩惱多麼可笑，都不要去論斷他。」

聽了醫師的話，我還是不太有把握，但在心裡默默下了決心，儘管不知道當年四歲的小小豬和還在我肚子裡的迷你豬將來會遇到什麼困難，但無論如何，我一定要和他們一起面對。

不用說，從那以後到寫這篇文章的現在，小小豬和迷你豬分別經歷了各種各樣、在大人眼裡很小但在小孩眼裡可以很大的困難。身為媽媽的我，當然也有覺得「什麼呀，真是小題大作」的時候；這種時候，我就趕快拿哈達德醫生的話出來，提醒自己不要論斷他們，而要用耐心去同理他們。

而在這個過程中，我赫然發現這樣的善意，是我自己從來不曾得到的——小時候不曾從父母那裡得到過，長大以後不曾從自己這裡得到過。

如果我有朋友經歷困難，我一定會趕快去陪伴她、傾聽她，提供支持和理解，絕不去批判她或讓她感到羞恥或被責備；但對於自己每天早上在鏡子裡看到的那個人，卻不會提供同樣的善意，反而認為同理與關懷是軟弱的表現。發現到這一點，我才驚覺，對自己慈悲也是一種風度，也許該是放自己一馬，適時同理自己的時候了。

養育孩子就是這麼一個奇妙的經驗。我常常覺得，自己在當媽媽的同時，又重新長大了一次。

都當媽了，為什麼我還會做升學考試的噩夢？

每年每年，就在小小豬和迷你豬開學之前，我往往會做一個噩夢：我去參加大學聯考，還差幾步路就到考場了，卻忽然迷路，在一個路口想不起來該左轉還是右轉。當我終於趕到考場時，天已經黑了，大家都考完了，我只能絕望地哭起來。

我當然不是第一個做考試噩夢的人。小時候，奶奶告訴過我，她已經六十幾

歲了，還會重複做關於考試的噩夢：夢見自己沒考上高中，不能留在城裡升學，只好一路哭著回家，聽家裡的安排結婚。我聽到這個故事時很驚奇；我還以為奶奶經歷過戰爭、逃難、種種大風大浪，相較之下，考試對她來說，應該只是小菜一碟。

後來我才知道，奶奶也不是一生中經歷許多苦難、卻持續做幾十年考試噩夢的唯一之人。幾年前我在《華盛頓郵報》上讀到一篇關於成人做考試噩夢的報導，記者採訪七十歲以上的年長者，有人經歷過戰爭、飢荒、屠殺，卻持續做關於考試的噩夢。這些夢境的內容大同小異：有人夢見期末考將至，卻發現考試科目當中，有一堂課自己整學期都沒去上；有人夢見大考當天出門太匆忙，結果忘了穿褲子，穿著內褲進考場，引發哄堂大笑，還被趕出來不准參加考試。Reddit（可以理解為美國的PTT）上也有很多關於考試噩夢的討論，可見升學考試在莘莘學子心目中分量之重。

我的兩個小豬還都還沒上國中，他們「還」不會做考試的噩夢，他們的噩夢裡可能會有巨大的松鼠、可能會有張牙舞爪的怪獸，但不會有永遠寫不完的考卷或永遠走不到的考場。

我很好奇：是什麼原因讓我們在離開校園數十年後，仍然持續做關於考試的噩夢？我找不到很多相關研究，但是就我能找到的資料來看，這些噩夢的背景時間通常發生在高中或大學時期。我覺得這是因為高中跟大學時期的學術壓力最沈重，但是專家說，這是因為一種叫作「記憶高峰」（reminiscene bump）的心理現象。

記憶高峰現象，是指人們對少年晚期跟成年初期發生的事件，記憶會最深刻的一種現象。已知的研究指出，從九歲起到成年之間的記憶最令人揮之不去，因為這是一個人開始探索自我、找到自己定位的關鍵時期。

有一個二〇〇七年發表於《自我與認同》學術期刊的小型研究，討論了記憶高峰現象與年長者做夢之間的關聯。研究員訪問了三十位六十到七十歲之間的老太太，記錄下她們的夢境，發現四分之一夢境的背景都來自記憶高峰期，且圍繞著「人生目標」及「自我認同」這兩個主題。

根據這些研究，因為在我們的少年時期，考試考得好的確普遍被認為跟未來的前景有直接正向的關聯，考試的場景會終其一生、持續地出現在我們的夢境中。除非會干擾睡眠，否則這些噩夢通常是無害的，比較像是大腦在回憶年輕時候的樣子。

有了這些背景知識，我開始對自己的考試噩夢感到有趣，甚至親切。事實上，回想我的學生時期，準備考試的確是我生活中最重要的部分，但升學考試其實並不讓我感到很大壓力——我從十歲開始，就一直想考個好學校、然後出國留學、遠離原生家庭。

每有考試，我雖然緊張，但也覺得那是機會，能得到機會就是幸運；每當考到好成績，我就特別開心，覺得自己離邁向自由又跨近了一步。我從高中聯考到托福都考得不錯，後來的確也出國留學。

小時候的我被困在家庭暴力的井底，而升學考試就像一根垂到井底的繩子，我沿著那繩子拚命往上爬，終於爬出井外。後來，每當從走不到考場的噩夢中滿身大汗地醒過來時，我便不急於起身，反而好整以暇地在床上躺一會兒，想想那些相關研究，想想我的童年，還有那些經歷過大屠殺之後，做噩夢還是夢見考試的老人家。

然後，對自己說：「大學聯考都考過來了，人生還有什麼不能應付的！」

想要被愛，就是覺醒的開始

我第一本「正經的書」《美國讀寫教育改革教我們的六件事》出版的那一年，我用暑假回台灣進行新書宣傳。這本書上市三週後排上博客來暢銷新書榜第二名，算是還不錯，但是，從我下飛機抵台、到上飛機回美，爸爸媽媽都沒有對我說一聲「恭喜」，或其他鼓勵的話。讓我有點難過。

到了這個年紀，都已經是兩個孩子的媽了，還想得到自己父母的肯定，實在是一件可憐又可笑的事。返美班機上，我細細咀嚼自己的情緒：為什麼還會在意這種事呢？

小時候，就算爸媽總是潑我冷水、就算永遠得不到他們的讚美，我還是滿懷希望地以為：父母會支持我，家是我的避風港。儘管常常被打罵，我始終沒有（或者不願）失去父母仍然愛我的幻想。

我的父母很重視成績，小學時代我從未考進過前十名，所以每次月考後都會被打。我拚命努力，有一次終於考了第六名，高高興興拿著考卷回家，希望得到鼓勵。

爸爸卻說：「才第六名就滿足了，真不要臉！」

又對妹妹們說：「妳們不要學她的壞榜樣。」

我難堪地轉向媽媽，希望得到支持，媽媽卻一臉厭惡地看著我，「爸爸說得沒錯，妳太差勁了。」

我傷心地哭起來，爸媽暴怒，「這有什麼好哭的！」打了我一頓。

第二天，我寫了一封信想讓父母了解我有多受傷，但媽媽接過信，看都沒看，就當著我的面把那封信撕掉。後來的事，我記不太清楚了。那或許是我「父母無論如何都愛我」的幻想破滅的開始，或許是我想逃離那個家的開端。那一年我十歲。又過了十年，我終於逃離了那個家。

逃離以後，我才在反省中發現，「父母會支持我」、「家是我的避風港」。只是我的幻想。不論我怎麼自欺欺人，事實上我的父母並不愛我，或者根本缺乏愛的能力。是從小被灌輸的文明教條，例如「天下父母都愛孩子」、「天下無不是的父母」。使我無法看清父母的真相。我就像隻飢餓的小鳥，不斷撞擊父母這塊冰冷堅硬的玻璃窗，想要得到一點點正面的回應。那當然是徒勞無功的。

經由專業協助，我學會改變期望，以理解代替撞擊，去接受父母永遠無法滿足我「充滿愛的父母」的想像這個事實，去練習觀察真實的自我，不再聽從那個想討父母歡心的「偽自我」。

經過多年的練習，我終於可以重新心平氣和地與父母相處。儘管仍然很想從父母口中得到肯定，但我不再為那個得不到的讚美否定自己，也不再努力假扮成另一個人，只為了讓父母喜歡我。

更重要的是，我不再否認「想要被父母疼愛」的感受。有很長一段時間，我羞於承認自己的不滿足，一遍又一遍地對自己說：「妳有一份自己喜歡的工作，每天肚子吃得飽飽的，年紀輕輕就買了房子，建立了屬於自己的美滿家庭，又有很多朋友，還有什麼不好的呢！」

現在，我可以坦然地說：「是的，我非常想聽爸媽對我說一聲恭喜。他們不肯定我的努力，我有點難過，但也不必因此鑽牛角尖。」

如今，我已經是兩個孩子的媽。我仍然無法贏得父母的心，但我可以救自己和孩子。我時時提醒自己，不要用對父母不切實際的期待來折磨自己，不要只專注於自己的療癒幻想，更不要想藉由生養孩子來彌補自己的童年傷痛。我應該做的是，好好把握孩子們只有一次的童年，用心經營與他們的關係，與他們進行有意的互動，支持他們、肯定他們，給他們我曾經渴望的那種愛。

養育一個固執的小孩

第一個孩子小小豬出生以後，我從全職記者變成自由撰稿人，接案寫文章，也做編譯工作。他兩歲的時候，我偶然編譯了一篇文章，談德國蒂賓根大學（Eberhard Karls University）的一項長期研究。該研究指出，固執的孩子似乎難溝通，但長遠看來，固執的孩子會堅持做對的事，若能聆聽引導，能成明日領袖。

這篇文章引發很多話題，在該雜誌的臉書頁面上，按讚數在一天內就破萬了。對編譯者來說，這當然是好事。但我稍微看了一下臉書粉絲團的留言，多數是爸爸媽媽抱怨孩子多固執多難管教，自己多辛苦多吐血，只好拿這篇文章來安慰自己。

真是令人失望。這篇文章的目的，與其說是安慰，不如說是用來鼓勵家有固執兒的爸爸媽媽。更重要的是用來提醒爸爸媽媽，如果家有固執的孩子，請不要強行用權威去曲折孩子的意志。

須知教養一個固執的小孩雖然辛苦，但做一個固執的小孩也很辛苦。

我知道，因為我曾經是個固執的小孩。我小學一年級成績單的導師評語是「勤敏固執」。二年級是「固執好學」。三、四年級分別是「才思敏捷，擇善固執」和「擇善固執，氣度寬宏」。接下來兩年都是「品學兼優，擇善固執」（不，不是因為老師偷懶連續兩年寫一樣的評語，我五六年級之間導師有換人）。

但是固執並沒有帶給我任何好處，只有時不時「妳下賤啊！這麼不聽話！去死吧」的痛罵，還有隨之而來的一頓痛打。直到現在，我的大腿和手臂上還有依稀可見的疤痕。

編譯那篇文章，對我來說，其實也很辛苦，因為不得不想起一些不願意再回憶的事。

小時候的我很怕父母，我真的很想討好他們，但就是無法曲折自己的意志去迎合他們。少女時代的我痛恨父母，覺得他們不關心孩子，只在乎自己的面子。長大以後我嘗試去理解他們，我想，教養一個反骨的孩子大概真的很辛苦吧，難怪他們總是在生氣。

後來，我自己當媽了。我的孩子小小豬也非常固執，從兩歲起就有主見、有理由，還伶牙俐齒、雄辯滔滔。

明明是陽光明媚的日子，他卻堅持要撐雨傘上學，還說：「有啊，有下雨啊！」「我睡覺的時候看見的，妳沒有看見嗎？」（意思是他做夢夢見的。）

「不要吃麵麵，要吃披薩。」

「因為我手髒髒，所以只能吃披薩。」

「這樣就不用洗手了，反正等一下拿披薩也會弄髒。」

面對一個固執的孩子，我才知道，原來幼兒和成人的邏輯是不一樣的。

如果我對小小豬說「不行」。他就會立馬撲倒在地，哭得撕心裂肺。

我會先順著他的話，說：「吃披薩也要洗手，不然用髒髒的手拿東西吃，壞細菌會跑到你的肚子裡。」然後直接把他抱去洗手，再抱到餐桌前面，「好了，現在手洗乾淨了，可以吃麵麵了。」

也有那樣的早晨，我讓小小豬在南加州的晴空萬里下，撐著小雨傘、穿著小雨鞋出門。有時候，他會撐著雨傘一路走到目的地。

有時候走到半路，他會問我：「怎麼沒有人撐雨傘啊？」我會說：「因為沒有下雨啊。」有時候，他會自己把雨傘收起來。

面對一個固執的孩子，我才知道，原來教養一個固執的孩子沒有那麼辛苦，其實不會比當一個固執的小孩更辛苦。痛打一頓只是最偷懶的做法，聆聽引導也並沒有那麼困難。

有人對我說，多數父母面對固執的孩子時，並沒有我的經驗，所以也比較難像我這樣有耐性地面對孩子。他們不知道，我曾經歷經五年、三位諮商師的治療，才從童年陰影中走出來。我一畢業就結婚了，但是婚後五年才生下小小豬，因為我怕我變成我媽，我需要時間自我調適。並不是小時候被痛打過，長大以後就會自動變得有耐性，為人父母都需要自我修養。

都說養兒方知父母恩，但養兒方知父母錯也是真的。

不論有什麼理由，時不時抓起藤條衣架把孩子往死裡打，罵孩子下賤，叫孩子去死，都是不對的。固執的孩子既不下賤，也不該死，他們需要的，只是一個能聽他們說話的大人。

「媽媽，我想好好生個氣」

出差一回來，就聽見一個不甚好的消息：我兒小小豬在學校與他最好的朋友小V打架，雙雙被叫到校長室。

根據兩小屁孩供稱，起因是小小豬告訴小V，「媽媽又去出差了，坐某某航空。」

小V說：「某某航空很爛耶！飛機不是失事就是起火。」

小小豬說：「才不會呢，我姨爹就是某某航空的機師。」

小V又說：「那麼你姨爹技術一定很爛。」

小小豬雖然還不認識「侮辱」這個字，但顯然覺得受辱，當場就打了小V一拳。小V反擊，兩人扭打，結果，就被抓去校長室了。

在媽媽我看來，這簡直是可笑得不能再可笑的理由了。可是小小豬把這事看得挺大，整個下午悶悶不樂。

我想方設法讓他心情變好，「要不要跟小V講話，媽媽可以打電話給小V媽媽喔？」、「要不我們來查查去年飛安評等吧，某某航空沒那麼糟的。」、「要不先別去想這事，先來看看媽媽給你帶了什麼禮物回來！」

小小豬不理我。過了一會兒，他憤憤道：「媽媽，我想好好生個氣，妳別吵我！」我聽見他碰碰碰地上樓，「碰」的一聲把房門關上。

小小豬生氣了。有一瞬間，我很想衝上去破門而入，罵他：「臭小子，難道不是你先動手的嗎？生什麼氣！」

但是，我忽然想起一些小時候的事。

我的爸媽都是非常易怒的人。爸爸發怒的時候，會朝我大吼，「妳這沒用的東西，看我打死妳！」但我最害怕的是媽媽，她扭曲著五官俯視我，扭曲著嘴角指控我，「變成這樣，都是妳害的！」

這時候，我只能低下頭，偷偷擦眼淚，問：「媽媽為什麼生氣？」

「生氣？誰說我生氣？我從來不生氣！我脾氣最好！都是妳害我的！」媽媽大吼，抓起手邊的工具，在我的大腿、屁股上，打出一片青紫。

我深感疑惑。因為在幼小的我看來，我媽無論如何不是一個好脾氣的人。我又深感罪惡，因為我竟然質疑媽媽的好脾氣。

不知什麼時候起，我的體內埋下了一個極為精密的警鐘。每當傷心憤怒的感覺襲來，那警鐘就會響起，警告我：「不許哭！哭沒有用！不許生氣！壞孩子才生氣！快動動腦筋想別的事吧！」

我知道自己是個壞孩子，因為媽媽一直告訴我，我是世界上最愛哭、最愛生氣、最壞的孩子，而且我還害爸爸生氣，害媽媽生氣，害全部的人生氣。我努力練習不哭，練習不生氣，但就算練習了十幾年，就算體內的警鐘愈來愈精密，我仍然是世界上最壞的孩子，頭上永遠籠罩著媽媽變成的烏雲。我愈來愈討厭自己——應該說，我從來沒喜歡過自己。

但是我有個強烈想變好的心願。我從烏雲底下逃出來，來到美國以後，拿到學位，找到工作，結了婚，生了小孩。離開了那個家，我才有機會重新認識「傷心」、「生氣」這些負面情緒，終於有機會包容自己，終於能允許自己去感受情緒、去思考情緒背後的成因，還有去看清媽媽所謂「好脾氣」的真相。

於是，我深吸一口氣，叫自己忍耐：我的兒子也應該被允許去感受自己的情緒，去思考情緒背後的成因。我不應急著想方設法「幫」他「把事情變好」。那會剝奪他認識情緒的機會。

那天晚上，我問小小豬是否還在生氣。他說不了。我問他現在覺得怎麼樣？他說很難過，覺得為了小事情跟朋友打架很笨。我告訴他，我找到了去年的飛安評等，姨爹上班的某某航空還是不錯的，要不要明天拿去給小V看呢？

「不必了。」小小豬說：「小V他自己也知道，他只是亂說而已。我還想跟他做好朋友，不想誰對誰錯。」

我好欣慰孩子能感受自己的感受，還有一套自己解決問題的方式。我也好羨慕他，多麼希望我在六歲的時候，也曾有機會說出「媽媽，我想好好生個氣」。我也好想知道，我媽在六歲的時候，甚至往後這六十年，可曾有機會「好好生個氣」？

{第三部}

建立新的家庭

為什麼我仍然相信婚姻

曾經有讀者朋友在我的臉書留言，表示自己跟我有一模一樣的童年創傷，最後她選擇不婚，但是很喜歡我的文章，因為很開心看到我有幸福美滿的婚姻，總覺得好像在地球另一端、經歷跟自己一樣創傷的女孩，圓了自己心中的一個美夢。

這是我在十五年的作家生涯中，收到過最溫暖的留言之一。其實我也不敢說自己的婚姻很美滿，只是盡力在經營。

我還收到過讀者朋友寄來的搞笑哏圖一式兩張，標題是「打破世代創傷的循環」：

上圖的爺爺罵爸爸愚蠢、爸爸罵兒子不夠好、但兒子對孫子說你很棒，最後小小的孫子自信地在畫板上作畫，圖說是「理想中打破世代創傷循環的方式」。

下圖的爺爺一樣罵爸爸愚蠢、爸爸一樣罵兒子不夠好、兒子則大喊自己不要結婚也不要有小孩，最後當然沒有小孫子，圖說則是「實際上打破世代創傷循環的方式」。

這應該是一張用來搞笑的圖，卻是我看到過最哀傷的哏圖之一。

不知道從什麼時候起，每次寫有關親密關係的文章，總有讀者朋友在文章下面留言「不婚不生好快樂」。不知道從什麼時候起，愈來愈常有讀者朋友寫信問我：「為什麼還敢結婚？」

「不婚不生好快樂」這句話，已經在網路上流行好幾年了。有人覺得不婚不生才活得自由快樂，有人主張婚姻是一種過時的制度，也有人跟我一樣歷經童年負面經驗，覺得結婚生子只是延續傷痛。

我曾經也是打定主意不結婚、不生小孩的人。原因很簡單，因為我怕變得像我媽一樣。但經歷自我復健之後，我學會最重要的一件事，就是不要因為身上帶傷，就放棄愛的能力。是的，我曾經經歷創傷，但我仍然相信、也必須相信，自己有力量變成一個更好的人，有力量為自己也為下一代創造一個更好的環境。

不好的婚姻當然不好，但好的婚姻仍然值得期待與經營。婚姻幸福和兩人團隊一起養育小孩的好處都是顯而易見的。

從婚姻幸福的好處來說，許多研究指出，在排除年齡及社經背景等不確定因素後，婚姻穩定人士的財務狀況與健康狀況都較單身者為佳。也有研究指出，已婚者通常有較活躍的社交生活，較穩固的社會支援系統，較少染上不健康的習慣。

例如，《美國心臟協會期刊》二〇一七年刊登的一項研究，追蹤二千三百五十一起中風病例長達二十年，男女各半，其中一千三百六十二個病人在中風後十八年內死亡。研究人員發現，相較於已婚且自認婚姻幸福的中風病人，未婚病人中風後死亡率高了百分之三十四，離婚兩次以上的病人死亡率高了百分之五十。只離過一次婚、再婚後婚姻美滿的病人，死亡率則與已婚且自認婚姻幸福的病人相當。

領導該研究的杜克大學社會學教授馬修・杜普雷（Matthew Dupre）指出，本研究「再度印證了婚姻關係的品質對健康有直接影響」。

從養育小孩的觀點來說，小孩的生命中當然有愈多資源、愈多關愛他的大人愈好，這並不是什麼大祕密。根據皮尤研究中心二〇二一年針對十八到二十九歲年輕世代所做的調查顯示，只有百分之十四的受訪者覺得「單身養小孩跟兩個人一起養小孩一樣好」；另一方面，認為單親不利養育小孩的受訪者比例，從二〇一八年到二〇二一年間增加了百分之七。

在這些前提下，就算某些情況中，不婚不生真的比較快樂，我們也不能否定婚姻的價值。所以美國政府每年投資一億五千萬美元，指導適婚年齡的男性如何經營健康的婚姻、做個負責的父親。我們也看到討論如何經營親密關係的節目受到歡迎——據流行文化雜誌《Venture》觀察，愛情喜劇當中，以「他們結婚了從此過著幸福快樂的日子」為結局的電影票房表現仍然最好。

但不論我們有多想結婚或多不想結婚，這都不是重點。重要的是，我們應該了解，幸福婚姻不是天上掉下來的，而是用心經營的成果。浪漫的承諾不能保證幸福的婚姻，兩個人之間互信、互愛、互相尊重，以及在婚姻裡互相扶持的決心才是幸福關係的根本。

我也相信，在走入婚姻之前，先釐清自己與原生家庭的糾葛，把自己經營成一個「值得的人」。也是非常重要的。我誠心希望，天下眷屬都是有情人，天下單身男女都能好好自我經營。

我愛你，但我仍然需要自己的時間和空間

新冠肺炎疫情爆發後一年，二〇二〇年一項調查顯示，一年間夫妻之間「覺得對方很煩」的比例，暴增了三成。原因是？居家防疫期間，大家緊密相處的時間太多了。解決方式是？就算疫情把大家都關在家裡，夫妻之間，甚至親子之間，也應該要安排屬於自己的時間。

說起來很簡單，但做起來卻不容易。當居家令把全家人都關在一個屋簷下，

我們會發現要安排自己的時間是那麼的難，甚至容許對方擁有自己的時間也是那麼的難。

就拿我們家來說吧：在疫情高峰期，江小豬發展出了新的興趣：園藝工作。一開始，基於防疫理由，我們的園丁不再固定來家裡整理花園，江小豬決定自己來。不久他就真來勁了，沒事就在弄花園，還買了一些貴得要命的工具。

這讓我有些煩躁：每次有點什麼事想請他幫忙，他總是在院子裡。我說吃完晚餐我要幫小小豬看功課你來洗碗好嗎，他就說要去堆肥除草；我說這個周末我來掃地你幫我吸吸地毯好嗎，他就要去修剪檸檬樹的枝子。

我採訪過的婚姻治療師說：「這時候妳就要把自己的感受說出來啊。」然後提供了我許多專業建議：用「我」開頭，不要用「你」開頭；要說「我希望多跟你相處」。不要說「你別花那麼多時間在院子裡」。

聽了專家建議，我擬好文情並茂的草稿，準備跟江小豬促膝長談。但是在我們有機會討論這件事之前，我胃潰瘍發作去掛急診，過幾天就被醫生叫去照胃鏡了。

那天，成了疫情中我最快樂的一天。我在床上躺平，不時有人進來問我需不需要什麼，但是沒人要我幫他看功課或弄點心給他吃。當天我的醫生很忙，看診時間有點延誤，但我帶了一本《梅岡城故事》，在候診的時候看完了芬奇作結辯陳詞的那一章——疫情爆發前我打算用三個月重讀這本書，但每天晚上都看不到三頁就被打斷。回家以後我宣布今天不煮飯，叫壽司外送給父子三人吃。因為我是「病人」。所以沒人敢抱怨。

真是太美好了！

那是在居家令發布後十個月的事，所以我已經差不多在家裡關了一年，能出來透透氣當然很好，就算是去醫院。但最好的是，我得到了半天空白的時間。這讓我想起國中三年級緊鑼密鼓準備聯考的那段日子，我們導師每天下午安排半小時空檔，鼓勵同學們去操場活動活動。大部分同學會去打球，但我喜歡躺在操場中間的草皮上，看浮雲飄過，什麼也不做。後來我考上北一女，回想起來，這段放空的時間實在功不可沒。

這提醒了我，即使是跟自己最愛的配偶跟孩子，也沒辦法一天二十四小時緊密相處，每個人都需要自己的時間。

後來我把那張文情並茂的草稿撕了，江小豬仍然繼續快樂地除他的草，剪他的葉子，我不會在他弄花園的時候叫他來屋子裡做這做那。我會泡杯茶，在書房裡翹起腳來讀自己喜歡的書。兩小豬孩在遊戲間用各種材料蓋堡壘然後拿出各種武器對戰，那是家裡唯一一個不論怎麼亂我都不會干涉的地方。

我們都得到了自己的時間，還有空間。

被妻子趕出家門的男人

以前搭檔的攝影大哥在台北的黃金地段買了個小套房。

向他道賀時，他用一種講八卦的口氣告訴我，「跟妳說，我一個很久沒聯絡的朋友，聽說我買房子了，突然要來找我喝一杯。」

「哦？」我猜不出他要講什麼，以為是要抱怨舊友勢利。沒想到，他話鋒一轉，說：「誰知道，原來他是被老婆趕出家門了！」

「什麼！」

接著，這位向來就很會講故事的攝影大哥老友（我一直覺得他其實當文字記者也完全沒問題），開始娓娓道來這個男人被妻子趕出家門的故事。

故事一開始，男人結婚了，婚後與老父老母、大哥大嫂都住在附近，每天晚上都應老父母要求，大家庭一起吃晚餐。妻子偶爾也想回娘家，或者小家庭自己吃，但是男人的父母不准，男人就拜託妻子配合「一下」。這一下來一下去，結果許多年來，總還是一大家子人一起用晚餐。

大哥的年紀比男人大很多，結婚多年也膝下猶虛，父母把希望都放在么兒夫妻身上。男人與妻子不久就生了兒子，老父母高興極了，妻子也辭去工作在家育兒。然後，不知道從什麼時候起，老母親與妻子之間開始有些齟齬。

我問：「都是些什麼事呢？」

他說：「就是帶孩子那些事吧！我問我朋友啊，他也講不清楚，只說每天下班回來都已經很累了，根本沒有力氣聽老婆抱怨，老婆講了什麼他也不記得啊！」

這男人只記得一件事，就是每天吃飯，母親和大嫂都喜歡餵食幼兒，有時候還把自己吃一半的東西餵給幼兒吃。妻子對此很反感，多次溝通無效，要求他說：「你不能去跟你媽還有你大哥講一下嗎？」

男人說：「我怎麼講？那是我媽耶，而且我大哥比我大很多，從小我都把他當長輩在尊敬，這種話我講不出口。」

事情發生那一天，母親與大嫂都在感冒咳嗽。妻子不願帶孩子去父母家吃飯，說：「等一下她們又要亂餵小孩，小孩被傳染感冒誰負責？我不去。」

男人說：「哪有突然說不去就不去的？去一下吧！」

結果去了，老母與大嫂又餵了孩子。男人看見，知道妻子要爆發了，但還是說不出「你們不要餵我的小孩」這句話。

出了父母家大門，妻子不讓男人回家。鐵門在眼前被甩上，男人知道妻子認真了。

我追問：「然後呢？」

他說：「然後他就跑來我家喝一杯了。小孩後來真的感冒了，老婆跟他算帳，這些年來辭去工作顧小孩，要老公把工資賠給她。她要搬出去找工作，小孩請保母帶，不讓婆婆跟大嫂再碰一下……不過他說，就算賠錢給老婆，也比要他去面對他媽好。」

我脫口而出，「你朋友活該！我要是他老婆也趕他出去了！」

他說：「妳也是這樣想？我是覺得餵小孩這件事可大可小啦！不過我朋友他還滿可憐的，其實我認識他以後，就一直覺得他跟他爸媽、大哥在溝通上有點問題，要不是娶了老婆、生了小孩，本來一輩子都可以不必去面對這些問題。」

我不是婚姻關係專家，但有個道理我還明白：自己與原生家庭之間的問題，要在結婚生子之前梳理清楚，不要帶進新建立的小家庭，禍及另一半與子女。就拿這件事來說，婆婆與大嫂喜歡餵小孩，這件事本身的確是可以解決的，只要男人有擔當，拿出堅決的態度和媽媽、嫂嫂溝通，不至於解決不了。

真正讓妻子憤怒的，恐怕是男人懦弱的態度，以及自婚後以來情緒長期被忽視、處處被要求配合的積怨。這個男人不是不知道妻子的委屈，但是在他的心裡，仍然住著那個害怕面對媽媽與大哥的小男孩，他只能要求妻子配合，不敢對媽媽與大哥抗議。如果他是一個人，也許可以一直逃避下去；但既然決定走入婚姻，他就不再是一個人，也不能再逃避了。

爬梳自己與原生家庭之間千絲萬縷的糾葛，揭開自己與原生家庭之間難以正視的過往，需要莫大的勇氣。但不踏出這一步，我們就不能真正長大成人，也不能真正承擔起養兒育女的責任。

不論我有幾個孩子（或者有沒有孩子）

婚後，關懷我的親友不時勸生。還沒有孩子的時候，大家說：「至少要生一個，不然會有遺憾。」

有了一個孩子以後，大家又說：「再生一個給他作伴，不然獨生子會自私、會孤單。」

生了兩個兒子以後，仍不時有人說：「再生一個妹妹，生兒子是名氣，生女兒才是福氣！」

在眾人勸生的喧譁聲中，卻有一個聲音勸我不要生，那是我媽的聲音。

我準備結婚的時候，我媽打電話來，勸我別生孩子，如果要生則只生一個。她緩緩道來為了照顧三個女兒對她造成的種種負擔，過程中的種種心力交瘁，最後，她說：「如果能重來，我能不生就不生。我不希望妳跟我一樣。」

我和媽媽的關係並不好。那天在越洋電話中，聽她講這些話，是我第一次聽她親口道出三十年婚姻生活的感想。

勸生的人總愛掛在嘴邊的一句話是：「獨子孤單，要多生一個來陪他玩。」但是，有兄弟姊妹並非不孤單的保證。

我有兩個妹妹。我對妹妹最早的記憶，是我三歲多一點的時候，當時才幾個月大的妹妹在嬰兒床上睡著，忽然醒了哭起來。媽媽衝進房裡，當時房裡只有我跟妹妹兩人。媽媽看了看妹妹，問我，「妳是不是掐妹妹？」

我說：「沒有啊！」

但是媽媽忽然生氣了，大聲罵了我幾句，然後拿起衣架打了我。那是我第一次挨打，衣架像雨點一樣落下來，很痛，我蹲在牆角哭，不知道自己做錯了什麼，卻感覺到因為妹妹的來臨，我的好日子結束了。

不幸地，我的感覺是對的。六歲的時候，媽媽又生了一個小妹妹。小學二年級的時候，有一天，我們三姊妹坐在客廳地上，各自玩耍。忽然，小妹哭了。在一邊看報紙的爸爸抬起頭來，厲聲問道：「怎麼回事？」

二妹馬上指著我說：「多多（我的小名）打咪咪（小妹的小名）！」

我大聲辯駁，「沒有，我沒有！」儘管如此，我知道辯駁是沒有用的，我馬上就要挨打了。

果然，爸爸命令我，「拿藤條來！」

我垂死掙扎，大聲哭叫：「我沒有打妹妹！」

爸爸說：「不管怎麼樣，大家一起玩，妹妹哭，就是姊姊沒有照顧好。」

最後我當然挨打了。我父母打人都很兇，我的手掌紅腫了起來。那天的作業，我因為拿不好筆，寫得歪歪斜斜，又挨媽媽打了一頓屁股。

小時候的我，恨透了妹妹們。在家裡，我不敢造次。到了學校，我就把握機會欺侮她們。長大以後，我明白了那不是妹妹們的錯。但無論我如何盡力彌補，我們姊妹的關係永遠不會真正地好起來了。童年時，我從未享受過手足相伴的快樂。成年後，那本翻不完的三十年舊帳，時好時壞的姊妹關係，如夢魘纏身，令人筋疲力盡。

美國俄亥俄州立大學研究指出，幼年期良好的手足關係，會增進人的幸福感，降低成年後的離婚率。另一方面，美國密蘇里大學研究指出，幼年期不和睦的手足關係，會顯著提升成年後罹患憂鬱症或焦慮症的機率。無可奈何的是，無論感情好不好，手足關係是一輩子的。朋友可以疏遠，夫妻可以離異，但手足就只能是一輩子。

哪怕你們是該隱與亞伯，李建成與李世民，宇智波鼬與宇智波佐助，這種關係只能是一輩子。

我結婚前夕的那通越洋電話，我媽在那頭，斷斷續續地說：「不要多生……兄弟姊妹多不一定就好，孩子生多了更要處理好……你們姊妹感情不好，都是因為我沒有處理好。」我在電話這頭，聞言，泫然欲泣。我媽是一個不會說「對不起」的人。這樣說，已經是她的極限了。

但最後，我並沒有聽取媽媽的建議。婚後五年，我生了小小豬；小小豬快五歲時，我又生下了迷你豬。我感謝媽媽的那通電話，但我覺得，她直到最後，都沒認清她自己的問題：她把她慣性失控、爆打小孩的行為歸咎於「生太多」。認為只要不生就沒問題。

我卻認為，她不穩定的情緒才是癥結所在，孩子只是一個方便的代罪羔羊。就像她從前總怪我害她不能跟爸爸離婚；但事實上，我成年離家後二十年，她還是跟爸爸住在一個屋簷下，還是一樣抱怨。

我沒有變得跟媽媽一樣，不是因為小孩生得少，而是我選擇先把自己的心安頓好了，才考慮生小孩。每個人都一樣，要先照顧好自己，才有能力照顧孩子。

弟斯拉來襲！

小小豬四歲半時，我們家多了一個新成員——弟弟迷你豬。

從一開始，我就相信，手足不是自動就會和樂融融，所有的關係都需要經營。在孩子還小、人際技巧還不成熟的時候，更需要仰賴父母指導他們培養手足感情。

從我知道懷孕的那一刻起，我們就盡量讓小小豬參與迷你豬的成長。我帶他一起去做產前檢查、讓他看寶寶的超音波照片、聽寶寶的心跳。我們去圖書館，一起讀「我是哥哥」之類的繪本。每天晚上我講床邊故事給小小豬聽，然後讓他對著我的肚子，說故事給弟弟聽。

我一遍又一遍地告訴他，「媽媽肚子裡的這個寶寶，有一天會變成你最好的朋友。但是在那之前，你要先學會當一個好哥哥，我們還要一起教寶寶怎麼當一個好弟弟。」

小小豬對於弟弟的到來興奮不已，他用紙盤為弟弟的嬰兒房做了一個月亮吊飾，還用超音波照片做了一張「我愛寶寶」的卡片。

迷你豬是在午夜時分出生的（準確地說，是半夜十一點五十六分）。那天，小小豬在醫院裡等弟弟生下來，睜著眼睛一眨都不眨一下，手中緊緊抱著要給弟弟的大象玩具。迷你豬出生後十分鐘，正在我懷裡做「肌膚接觸」的時候，兄弟倆就交換了禮物——弟弟得到大象玩具，哥哥得到一只紅色的指尖陀螺，那是他想了好久的，高興地說了好幾遍，「弟弟好棒，弟弟知道我想要指尖陀螺！」

小小豬與迷你豬的手足關係算是有一個好的開始。在迷你豬滿六個月以前，小小豬每天從幼兒園回來，第一件事就是去看弟弟。我們也繼續「說故事給弟弟聽」的睡前習慣。小小豬會抱著弟弟，唱自己編的歌給弟弟聽。看著小小豬坐在嬰兒房的地毯上跟迷你豬玩，我覺得他們四周的空氣都是粉紅色的。

這種美好近乎夢幻的關係，在迷你豬七個月大時起了變化。首先是迷你豬學會爬了，然後吐出了他的第一個字：「ge-ge」。

小小豬高興極啦！「弟弟會爬了，弟弟在學會叫爸爸媽媽以前就先叫哥哥了，弟弟可以跟我一起玩了！」

但是迷你豬一出手，就把哥哥辛苦蓋好的樂高機場、積木鐵軌在瞬間破壞殆盡。小小豬學著媽媽的樣子對弟弟講道理，屢次徒勞，氣呼呼來告狀，「弟弟都不聽我的！」

「弟弟還小，聽不懂。」

「為什麼他那麼笨？什麼時候才會聽懂？」

手足大戰開始了。小小豬討厭起弟弟了。

有一天，小小豬的樂高飛機又被迷你豬砸了。小小豬怒打弟弟的頭，迷你豬立馬爆出驚天哭聲。江小豬出聲制止，「有什麼事好好說，不可打人！」小小豬委屈得哭了起來。

我過去把迷你豬抱起來。小小豬爆氣，「媽媽為什麼抱弟弟？明明是他……。」

「媽媽抱弟弟，是因為弟弟不乖，打壞你的飛機。現在媽媽要把弟弟抱去他房間，讓他冷靜一下。」

小小豬安靜下來，滿意地點點頭。「去房間裡冷靜一下」是我們家給鬧事的人的待遇，不分大人小孩。

接著我讓江小豬把迷你豬抱走，然後牽著小小豬的手坐下來，「弟弟打壞你的飛機，你很生氣對不對？」

「對啊！而且他已經這樣好幾次了！」小小豬舉出一連串迷你豬的「罪狀」。

我抱著小小豬，想起三十年前似曾相識的畫面。當我為了被妹妹破壞的玩具生氣哭鬧時，爸爸媽媽的處理方式就是罵我小氣然後打我一頓，令我更討厭妹妹。我一邊提醒自己不要重蹈父母的覆轍，一邊對小小豬說：「我知道哦！我知道你很生氣！但是，你覺得弟弟為什麼會這樣呢？」

小小豬說：「我怎麼知道！因為他太笨了吧！而且他是故意的！」

我說：「我覺得他不是故意的哦！」

小小豬說：「他就是故意的！」

我不理他，繼續說：「你想想看，你是幾歲學會玩樂高的呢？那弟弟現在是幾歲呢？你像弟弟這麼大的時候，會玩樂高嗎？你是怎麼玩的？還記得嗎？」

小小豬遲疑了一下，說：「我不記得了。我——那時候我們家有樂高嗎？」

我提醒他，「沒有。所以弟弟不會玩，但是他又想跟你玩。你覺得怎麼辦？」

我們討論了一下，最後決定，要用適合弟弟的方法跟弟弟玩。不想跟弟弟玩的時候，就回去房間自己玩。不想被弟弟弄壞的玩具，要放在自己房間，不要放在遊戲間。

小小豬很快就發展出「適合弟弟」的玩法。過了幾天，我正在廚房做飯，聽到遊戲間傳來巨響，趕過去一看，只見迷你豬正全力破壞哥哥的樂高城市，而小小豬拿著衛生紙捲筒做的麥克風，語調誇張地大喊：「弟斯拉來襲！弟斯拉來襲！請鎖定第十八頻道，我們一周七天、一天二十四小時為您即時轉播弟斯拉災情！」

「弟斯拉」這星期滿一歲了。這種和平大概還可以再維持一陣子。隨著弟斯拉災情擴大，我正戰戰兢兢地準備面對下一個手足相處的挑戰。

手足競爭的心理學

有一年，我因為胃潰瘍發作，在醫生指示下照了胃鏡。過程中醫師提到，有些胃疾與遺傳有關，如果發現某些徵狀，建議我通知兄弟姊妹都去檢查。幸好，檢查結果只是輕微的胃竇炎，並沒有什麼前期癌病變或其他需要警覺的徵狀。我著實鬆了一口氣。

後來，我想起這件事，發現自己不是為了檢查結果本身感到安心，卻是為了不用去聯絡妹妹而舒心。這讓我很難過：我跟妹妹的關係很冷淡，要聯絡她們對我而言有點為難。而手足疏離，真的是一件讓人遺憾的事。

有四年的時間，我的大寶小小豬是家裡唯一的小孩。面對旁人「要再生一個來給他作伴，不然獨生子會孤單」的勸生之詞，我總覺得隨緣就好，倒不是排斥生二寶，而是基於個人的童年經驗，認為手足不一定能相伴，獨子也未必就孤單。

小小豬四歲半的時候，我們又有了二寶迷你豬。想到自己小時候從未感受過手足相伴的快樂，成年以後的姊妹關係像一本爛帳令人筋疲力盡，我真的不想讓我的兩個寶貝重蹈媽媽和姨姨的覆轍，於是藉由跑教育新聞之便，好好向專家們請教了手足相處的心理學。

我學到的第一件事，就是手足爭吵是非常普遍而且完全正常的。新罕布夏州立大學研究發現，未成年的兄弟姊妹，平均每小時發生八次衝突。賓州大學人類發展學教授芬柏格（Mark Ethan Feinberg）說：「童年前期與中期的手足衝突尤其激烈。」他也在其著作中寫道：聖經《創世記》是「西方心理學的起源」。當中充滿了手足間互相嫉恨甚至謀害的故事，例如該隱和亞伯、雅各和以掃。

我學到的第二件事，就是手足衝突是可以管理的，手足關係是需要經營的。新澤西學院心理學教授維沃納（Jeanine Vivona）說：「手足競爭可以說是生命中最真實的一個部分。身為有手足的人，或者數個孩子的家長，我們能做的就是盡量去經營這種關係。」並指出每一家兄弟姊妹都會爭吵，但爭吵不代表關係不好，童年時期手足間的緊張會不會延續成終生的不睦，父母的態度有決定性的影響。

有很長一段時間，我以為自己與妹妹關係不睦，是童年時期頻繁爭吵甚至打架的後果。但靜心檢討，再對照專家說法，才發現並非如此。

我與妹妹關係不睦，是因為我們從來沒有學會和解：當衝突發生時，爸爸媽媽唯一的處理方式就是處罰我，因為「大家一起玩，只要有人吵架，就是姊姊沒有照顧好妹妹」；最糟糕的是，我的爸爸媽媽喜歡用羞辱的方式處罰我，經常命令我跪下，對我拳打腳踢一番，再指著我對妹妹說：「妳們不要像這個廢物一樣！」更令我在妹妹們面前抬不起頭來，討厭與她們相處。

童年陰影仍然如夢魘纏身，但我至少可以讓傷害到自己為止。從迷你豬會爬開始，兄弟間的大戰就沒停過。我總是提醒自己：不必阻止孩子們吵架甚至打架，但要引導他們從中學習。每次兩隻小豬衝突過後，我都會舉行一個「和好時間」。讓他們想想對方的好，重新做好朋友。

我照胃鏡那一天，因為麻藥的副作用，回家後有些身體不適，吃過晚餐就躺在床上。迷你豬爬上床來亂跳，嚷著叫我講故事，小小豬拉著弟弟的手說：「媽媽生病，哥哥講故事給你聽吧！」說著，把迷你豬帶走，讓我好好休息。第二天晚上，迷你豬就不要聽我講故事了，因為「哥哥講得更好聽」。我有點沒面子，但又覺得好欣慰！兄友弟恭不是理所當然，好好經營才有相親相愛的關係。

「弟弟很棒，但我是我」

我有一對不遺餘力幫助孩子成功的父母親。他們對於成功的標準很傳統：讀好書、上好學校、找好工作、嫁好先生、買好房子。

讀好書就是考試考高分。好學校就是第一志願。好工作就是薪水高的工作。好先生就是名校畢業、事業有成的先生。好房子就是好學區裡的大房子。

小時候，我和兩個妹妹都不用做家事，只要專心讀書考試。妹妹們都成績優秀，唯有我的分數總是達不到爸爸媽媽的標準，他們失望之餘，經常以打罵的方式來鞭策我。

後來，他們終於發現了我的價值：我的作文寫得很好，媽媽開始叫我幫資優生妹妹寫作業，讓她專心做數學等「更重要」的科目。媽媽的策略很成功，妹妹的作文成績突飛猛進，被選為班級代表，參加校內環保作文比賽。

比賽前，媽媽叫我寫一篇範文，讓妹妹背起來。比賽當天，我在舉行比賽的圖書館看到妹妹。我坐在六年級那一排、妹妹坐在三年級那一排。

大家坐定以後，由教務主任公布比賽題目。三年級的題目竟然與環保無關，妹妹當場哭了起來。在場的老師們都大吃一驚，一位老師問：「怎麼了？」

妹妹老實地說：「不是環保作文比賽嗎？我都已經背好了！」

老師奇怪地問：「背好了？什麼意思？」

主任解釋道：「我們今天讓高年級的同學進行環保作文比賽，中低年級則是生活作文比賽。」

原來是我們搞錯了。妹妹不停地哭，最後主任只好通知他們班的導師來帶她回教室，另派一位同學來比賽。而我，懦弱地坐在那裡，不敢上前安慰妹妹，也不敢向老師說明發生了什麼事。我這輩子從來沒有覺得那麼丟臉過。

那次比賽我得了全校第一名，取得代表學校出賽的資格，最後得到台北市環保作文比賽佳作。但是媽媽並不高興，打了我一頓。

之後，媽媽再叫我幫妹妹寫作文時，我忽然覺得很不高興，反抗道：「我不要。」

媽媽生氣說：「幫人幫一半，妳這算什麼！」

我想不出好的回答，只能說：「反正我不要再幫妹妹寫作業了！我幫她這麼多次，你們都沒有跟我說謝謝。」

媽媽厭惡地看著我說：「只幫一半就不算幫忙，我幹麼謝謝妳！」

我挨打了。雖然被打得很痛，但憋著一口氣堅不屈服，一直被打到屁股青腫。直到現在，我都想不通，總是被當作沙包打的自己，究竟是哪來那麼大的勇氣反抗媽媽。

但是我想通了另一件事。那天晚上，我趴著睡，對自己說，下次媽媽再叫我幫妹妹寫作文，再說反正我不會念書，不如幫資優生妹妹寫作文讓她專心念書時，我就要大聲地說出來：「妹妹很棒，但我是我！」

不知是幸還是不幸，我始終沒有機會說出這句話。上天彷彿捉弄我父母親似的，三姊妹長大以後，只有我一個人達到了爸爸媽媽當年「找好工作、嫁好先生、買好房子」的成功標準。爸爸媽媽再也不拿我跟妹妹比較了。

現在，他們一遍又一遍地念著：「身體健康就好。」「做自己喜歡的事就好。」「不結婚也很好。」「不買房子也沒關係。」並堅持這是他們一貫的教養方針，忘了就在不算短的二十年前，他們還為了成績把女兒打到遍體鱗傷。

我覺得好諷刺。史丹佛大學前新生事物主任、暢銷書作家茱莉・李斯寇特–漢姆斯（Julie Lythcott-Haims）說過，「幫助」孩子成功，只是短效的，長久下去，只會剝奪他們相信靠自己也能做好的能力。讀到這句話，我立刻就想起我的爸爸媽媽。可惜，他們自己已經不記得了，並沒有從中學到教訓。

現在，我有兩個孩子：敏感固執的哥哥小小豬和開朗隨和的弟弟迷你豬。我希望他們都能用自己的方式，做最好的自己。但是在親友間，懂得湊趣的迷你豬，自然比小小豬受歡迎多了。

常有長輩對小小豬說：「弟弟好大方啊，你也要像弟弟一樣！」做媽媽的我聽了，總覺得有些心疼。

今年夏天我帶兩小豬孩回台灣過暑假，又聽到了這句話。

這回，小小豬氣定神閒地說：「對啊，弟弟很棒，但我是我！」

我好欣慰。

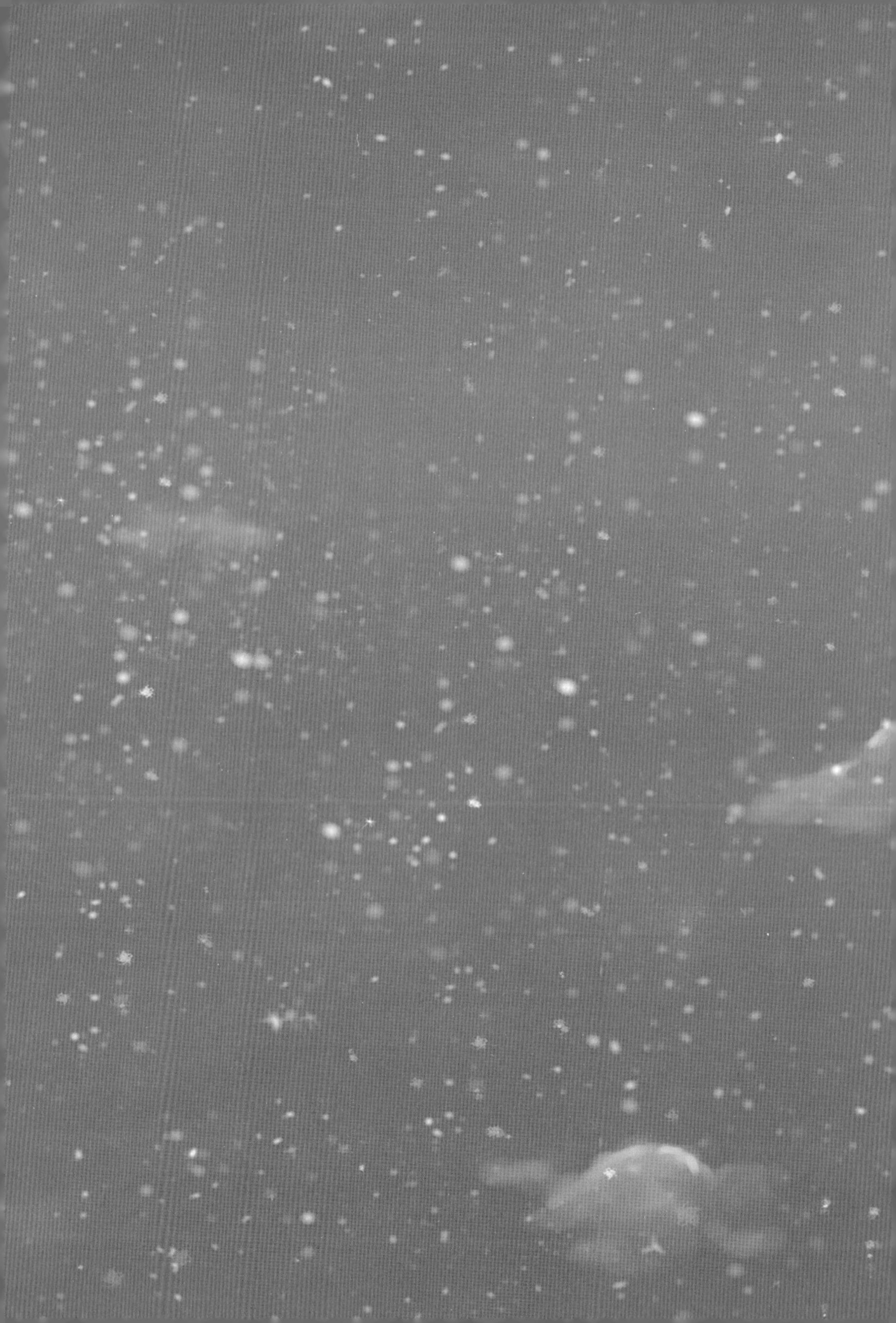

{第四部}

童年與教養的拉鋸

我就是被打大的，現在還不是活得好好的？

「我就是被打大的，現在還不是活得好好的！」這是我們最常聽到用來為體罰辯護的一句話。

另一句是，「你就是被打大的，現在還不是活得好好的！」

前者是爸爸媽媽說的，後者是爺爺奶奶說的。我自己的爸爸媽媽就愛把這兩句話掛在嘴邊。但真的是這樣嗎？

德州大學奧斯汀分校的心理發展學家麗茲・格肖夫（Liz Gershoff）教授從一九九〇年代就開始研究體罰對兒童發展的影響，當年學界討論的重點是「體罰是否會對兒童造成傷害」。

二十年後的現在，已經有很多研究清楚地指出了體罰對兒童身心發展的負面影響。體罰以及其他形式的暴力管教——包括言語暴力與羞辱孩子——都重複地被證實與多種行為、情緒、心理、學習障礙有關。美國小兒科醫學會也於二〇一八年正式提出官方指南，強烈建議家長避免體罰管教。

儘管如此，很多家長還是繼續打小孩。芝加哥大學二〇二一年調查顯示，雖然三十四歲以下的美國家長多數不贊成體罰，但是三十五歲以上的家長當中，仍有超過六成認為「體罰管教有時候是必要的」。

這些人當爸爸媽媽時說：「我就是被打大的，現在還不是活得好好的！」當了爺爺奶奶就對成為新手爸媽的子女說：「你就是被打大的，現在還不是活得好好的！」

也有人說：「不良行為是基因造成的，是壞小孩會被打，不是被打的小孩會變壞。」

但是，格肖夫的團隊用了二十年的時間，分析超過一千對用不同方式教養長大的雙胞胎，當中超過四百對是同卵雙生。結果發現：兩個基因完全相同的雙胞胎，小時候被暴力打罵的那一個，出現違法行為或反社會人格的機率，都毫無例外地高於那個沒被暴力對待的。這項研究發表於二〇二一年三月的心理科學期刊，明確指出暴力管教不但不能得到預期效果，而且會對兒童身心造成嚴重的傷害——不是壞小孩會被打，是被打的小孩會變壞。

塔夫茨兒童醫院小兒科醫師羅伯特・賽格（Robert Sege）說，的確我們都認識一、兩個「小時候被打，但長大以後活得好好的」人，但是每個人在成長的過程中都會發生很多事，「長大以後活得好好的」絕對不是因為「小時候被打」，而是因為在成長的過程中受到了其他的正面影響。

如果我們真的希望孩子「活得好好的」。有很多比打小孩更好的教養策略可以採用。我們可以以身作則、可以善用隔離法、可以製造自然後果。

小小豬剛上小學、迷你豬剛上幼兒園時都愛賴床，尤其是天氣冷的時候。往往眼看上課就要遲到，我得手忙腳亂地把七歲和三歲的大齡嬰兒抱上馬桶尿尿、抱到洗臉台前漱口、換好衣服然後抱下樓吃早餐，一路聽他們抱怨。

按照小時候我媽的做法，就是暴打一頓。但是我不。

一個特別冷的早晨，我宣布：「今天不必起床，也不用上學，你們愛怎麼睡就怎麼睡，想幹麼就幹麼。」

兩小豬孩終於心甘情願下樓的時候，我正坐在書房裡滑手機。

小小豬問：「早餐吃什麼？」
我看著手機說：「廚房的櫃子裡有餅乾。」
「早餐吃零食，這怎麼可以！爸爸呢？」
「躺在客房的床上，喝啤酒看球賽。」
「早上就喝酒，這怎麼可以！還躺在床上！今天沒有放假吧，妳怎麼沒有在寫稿？爸爸不上班可以嗎？」
我聽了暗笑。他們見我沒回應，就跑開了。我聽見兩個人合力搬凳子開櫃門的聲音，接著是早餐穀片被倒進塑膠碗裡的嘩嘩聲。
過了一會兒，小小豬又跑回書房，小聲問：「媽媽，我們吃完早餐了，現在要幹麼？」
「你們想幹麼就幹麼。去玩啊！」
書房的門開著，我看見兩小豬孩呆坐在遊戲間裡。過了一會兒，小小豬帶著迷你豬走過來，媽媽，可以帶我們去上學了嗎？」
我立馬把他們抓上車，但是上課當然遲到了，我讓他們自己去跟老師解釋。
那天以後，兩小豬孩早上賴床，我不用扯著喉嚨大喊，也不用手忙腳亂地抱他們去洗臉換衣服，只要跟著往床上一躺，大聲說：「媽媽也覺得好冷哦！今天不要上班好了。大家睡到自然醒，想幹麼就幹麼！」他倆就會趕快爬下床，自己刷牙洗臉、下樓吃早餐。

那天以後，這兩小豬孩一直記得這次「後果」。這才是經過研究證實真正有效的教養法，而且不必以孩子的身心健康作為代價。

受到辱罵、毆打的孩子不會停止愛父母，但會停止愛自己

小小豬選進我們地方上的少年游泳隊以後，我也認識了許多隊員的爸爸媽媽。傳統上，運動賽事是美國家庭活動中不可或缺的一部分，隊上很多孩子都是來自重視體育的家庭。家長們聚在一起，自然就聊起這些年來少年運動場上教練風格的演變。

「現在的教練都不太吼小孩了。」

「我們以前可沒這麼好混！」

一位爸爸回憶，他以前是練美式足球的，小時候，教練常常把球場比作戰場。高中時，每天上場練習，教練會先命令他們做一百下伏地挺身、一百個來回衝刺，還有一種練習是全體球員把一個球員團團圍在中間，被教練喊到號碼的隊員就要衝過去擒抱那個被圍在中間的隊員。做不好的隊員會被罵：「你這沒用的娘炮！」

他說：「換作是今天，這樣的教練早就被開除了！」其他家長紛紛點頭，表示同意。

我在台灣出生長大，沒有受過美式教育的洗禮。但時代的確是變了。我小學一年級的暑假，爸爸帶我和妹妹去公共游泳池玩水。我套著游泳圈，在水裡玩得正開心，爸爸忽然靠近，用力打了我腦門一巴掌，厲聲道：「怎麼都在玩，怎麼不練習游泳？妳什麼時候才能自己從這邊游到那邊去？啊？有沒有想過？」

當時我根本還沒學過游泳，被爸爸那一巴掌打得腦門嗡嗡作響，嚇得連哭都不敢，只知道愣在那裡，不知道為什麼被打，更不知道該怎麼回答爸爸。

正愣著，爸爸猛然把我的頭壓進水裡，大聲說：「叫妳游！叫妳游！」

飽受驚嚇的我緊抓著游泳圈，拚命掙扎著爬上岸，說什麼都再也不肯下水了。

爸爸很生氣，大聲罵我「白痴、沒用的東西」。

後來，爸爸說，他那樣做是為了「幫助」我學會游泳。時至今日，當然不會有家長缺乏常識到採用這種「教學」了。

近年來，隨著教育界開始反思恰當的行為規範，以及愈來愈多人意識到語言暴力對兒少心理健康的影響，許多過度體罰或語言暴力的相關報導撼動了美國兒少體育界，少年運動員與家長也愈來愈敢站出來指控教練的不當管教。

在這波風潮中，很多教練感到為難，像曾經帶領馬里蘭州小亨利・懷斯紀念高中（Dr. Henry A. Wise Jr. High School）美式足球隊四度贏得州冠軍的明星教練達勞恩・派里什（DaLawn Parrish）就說，贏球要靠嚴格訓練，十年前的家長不計代價地想贏，而現在的家長仍然想贏，卻捨不得孩子嚴格受訓。身為一個資深教練，他覺得自己從未比現在更徬徨。

就算不是在運動場上，在教室裡甚至家裡，許多老師和家長也面對同樣的難題：管教孩子，可以罵到什麼程度？可以打嗎？怎樣是愛之深責之切，怎樣是暴力管教？這個界線很難拿捏，因為每個人的感受都不一樣。

我覺得，問題不在於「可以打罵到什麼程度」。而是「我們打罵孩子是為了什麼」。

每個孩子都本能地想得到父母的稱讚；就像在運動場上，隊員都想得到教練的稱讚。這種心態，驅使著孩子做任何事去討好父母和教練。受到辱罵甚至毆打的孩子不會停止愛父母，只會停止愛自己。

當我們理解孩子的這種心理，就會發現，其實教訓孩子，根本不需要用毆打辱罵的方式。我們要做的，只是引導出他們自愛的能力。

幸福的關鍵是愛——愛人與被愛。從小被無條件愛著的孩子，才能學會自愛，才能學會愛人。每天回到家，我們都應該關掉手機，看著孩子的眼睛，像他剛出生時那樣充滿愛意地看著他，然後問他：「我的孩子，你今天過得怎麼樣？」

我們愛他，不是因為他成績名列前茅，不是因為他在游泳池裡或足球場上所向無敵，是因為他是我們的孩子。

當孩子行為失當，當然可以教訓，但要以愛為出發點——真正的愛，不是以愛為名的出氣。這兩者之間的些微差異，才是我們需要小心分辨的。

而當我們懷著愛心教訓孩子，自然就不會吐出「白痴」、「廢物」、「娘炮」、「沒用的東西」這種會在孩子心上留下傷痕的字眼。

正是因為生氣，所以不打小孩

我跑了十一年教育新聞，所採訪過的教養專家、心理學者、小兒科醫師……沒有一位支持體罰。然而事情又很弔詭，每當發表呼籲零體罰的文章，總有家長抗議：「怎麼了，難道爸爸媽媽不能有情緒？是小孩害我們生氣，如果講得聽，誰想用打的？」

我不是專家，只是一個記者。但我也曾經是個孩子，如今也已是個母親。對於體罰這件事，我也有自己的看法。我的看法是，正因為有情緒、正因為生氣，所以不能打小孩。

我成長於一九八〇年代的台灣。當時的社會普遍允許體罰小孩，不論是學校的老師或是家裡的爸爸媽媽，都經常採用體罰——包括巴掌、鞭打、杖擊——作為教養手段。我當然也沒被少打，不論是在家裡還是在學校。

但是我對於「在家被打」跟「在學校被打」的感受卻是完全不同。究其原因，就在於施加體罰者的情緒。

升上國中的時候，教育部已經明令禁止能力分班。儘管如此，在家長的期待壓力下，很多明星國中陽奉陰違，用其他方式變相能力分級。我們學校採用「能力分排」。以考試成績為依據編排學生座位，像我這種被認為一定會考上第一志願的學生，就坐在班上所謂的「第一好排」。

第一好排的學生享有不用輪值當值日生、不必參加升旗典禮、只要專心讀書的特權，但如果考試成績沒有達標，處罰也是特別嚴厲。當時我們導師的政策是，第一好排的學生，凡考試成績未達滿分，少一分打一下手心（而最後一排的同學，就算考零分也不會被打）。

當我考試考不到滿分，被叫到講台前打手心的時候，當然也是苦著臉，但並不害怕：如果我考了九十分，我知道老師打我十下，就會結束了，不會永無止境地打下去。被老師體罰，就是按照規定打，我們老師從來不會情緒激動，平靜地打完，說一句「好了，記住這次的痛，下次再加油」就完事了。

但是拿著同一張考卷回家，卻令我心中充滿恐懼。我媽一看見沒考滿分的卷子，立馬七竅生煙，扭曲著五官罵：「妳考這是什麼成績？存心讓我丟臉是不是？」然後就抄起藤條，對我劈頭劈臉地打下去。我總是摀著臉，不敢哭出聲音，心裡怕極了，不知道鞭笞什麼時候會停止。

好幾次，藤條打裂了，媽媽抄起衣架繼續打；衣架變形了，媽媽抄起球拍繼續打。我咬著牙，等她終於精疲力竭，面目猙獰地坐在沙發上喘氣，吼出那句：「妳給我滾，我不想看見妳這個白痴！」

只有等到這句話，我才能得赦，才能跑進房裡躲起來，這時候我屁股大腿上往往已經沒有一塊好肉。

後來我考上了北一女。我討厭體罰，但對於曾經打我的老師，並不感到怨恨，而是有種感激。對於同樣打我的媽媽，我則無法感激，反而有一種說不出的厭惡。有很長一段時間，我不理解這種情緒，對於自己竟然無法感謝媽媽，感到深深的罪惡。

自己成為母親以後，我才想明白，原來，老師打我，和媽媽打我，是完全不同的。老師打我，那是處罰；媽媽打我，那是出氣。但是這兩者之間的差距，恐怕連我媽自己也沒覺察到。成為母親以後，我致力與自己的媽媽和解，但破鏡縱使重圓，裂痕畢竟不會消失。

這就是為什麼，我們為人父母的，愈是生氣，愈不該打小孩。因為面對親子衝突，我們很難沒有情緒，而在憤怒的當下，管教與出氣甚至虐童之間的界線，是那麼的混沌、薄弱，一扯就會斷。

現在的我有兩個兒子。從麻煩的兩歲，到頑皮的六歲，到叛逆的十一歲，無論怎麼生氣，我絕不打他們——而且，在無數次跟小孩「過招」的過程中，我逐漸發現，真正讓我動氣的，並不是孩子胡鬧，而是我自己在面對教養挫折中產生的不快。

經歷了這個過程，我更深深感到，我們為人父母的，要提醒自己不該被「都是小孩害我生氣，所以我才打他」的錯誤念頭蒙蔽，以教養為藉口，把自己的暴力行為合理化。我們是成人，不該讓孩子替我們的情緒負責。

波士頓大學小兒醫學教授班傑明・西格爾（Benjamin S. Siegel）觀察到，儘管很多家長嘴上合理化體罰，但沒有一個爸爸媽媽在打完孩子以後會感覺良好。他說：「很多家長對於要如何管教孩子有所掙扎。很多家長會說：我小時候還不是被打。但是，愈來愈多研究顯示，打孩子不但破壞親子關係，而且對促進好行為、提高學習成績也沒有幫助。」

最近幾年，美國小兒科醫學會和台灣兒福聯盟都發表過研究，指出體罰的效果立即卻短暫，負面影響卻很深遠。美國小兒科醫學會研究指出，三歲以前被體罰，負面影響會持續到九歲。兒盟調查也指出，被體罰的孩子情緒問題多，並傾向以暴力解決問題。身為家長，我們都應該自我警惕：愈是生氣，愈不該打小孩。

我不打孩子，不是不管教孩子

每次我寫自己為什麼不打孩子的文章，就會有熱心網友神預言：「妳的孩子以後會變得不服管教、無法無天。」

我從一開始認為這些網友不是古董就是酸民，到後來逐漸發現，原來在溫柔教養逐漸成為主流的今天，還是有一群家長，以為不打孩子就是不管教孩子。這是完全錯誤的。

教養是個永恆的課題，每一代家長都在摸索中學習如何教養出懂得尊重、關懷、有能力貢獻社會的子女。每一代家長都在辯論什麼才是最好的教養方式。

溫柔教養（gentle parenting）在近年來逐漸成為主流，二〇二一年，美國小兒科醫學會更新了預防毒性童年壓力指南，建議家長捨棄打罵，與孩子建立堅定親密的關係。

親子之間安全健康的關係，可以建立孩子的韌性，給他們無與倫比的安全感，就好像一個「地基」。可以在逆境中幫他們站穩腳步。研究指出，經常被打罵的孩子受挫力低，因為他們沒有這種韌性與安全感做後盾，就像一棟大樓沒有地基，不論蓋得再高，還是一震就垮。

不打、不吼孩子，不表示不能對孩子說不，不表示捨棄界線，不表示孩子能為所欲為。根據《溫柔教養書》（暫譯，*The Gentle Parenting Book*）的定義，溫柔教養是權威教養（authoritative parenting）的分支，不是權威教養的反面。權威教養是一九六〇年代的主流，是一種高度要求也高度支持孩子的教養方式。而用溫和堅定的方式來要求和支持孩子，堅持界線，充分關愛，這就叫作溫柔教養。

美國小兒科醫學會預防毒性童年壓力指南的起草人安德魯・迦納（Andrew Garner）醫師說，溫柔教養是一種兼顧「聯繫」和「結構」的養育方式。聯繫是仁慈、溫柔，隨時以溫暖的方式回應孩子的需求。規範是給孩子規矩、對他們寄予厚望、幫助他們培養技能。

說到這裡，我們已經很清楚了，不打不吼罵不是放棄管教，而是採用更科學的方式來回應孩子可能出現的行為問題。迦納醫師說，很多孩子被打罵，只是因為他們表現得像個孩子，因為他們的神經成熟度還沒達到可以自我控制的程度，家長無心或無力支持他們，就打罵一頓了事。

例如，當手足衝突發生時，打罵教養的步驟是：

1. 對孩子講道理——不要跟弟弟吵架！
2. 講道理無效，改用吼罵——叫你不要跟弟弟吵架！
3. 吼罵無效，棍子拿出來打下去
4. 家長自我合理化——我已經筋疲力盡了，如果能用講的，誰想用打的？都是小孩逼我的！

溫柔教養的步驟則是：

1. 幫助孩子釐清自己的感受——你很生氣，因為弟弟搶了你的玩具，對嗎？媽媽理解。
2. 跟孩子討論他們享受這段關係的地方——但很多時候，你也喜歡跟弟弟玩，對不對？

3. 陪伴孩子冷靜下來——所以我們還是要好好經營這段關係，跟弟弟好好相處。

4. 跟孩子一起找出解決方式。

所以，溫柔教養不是放棄管教，而是捨棄「一打見效」的方式，投入更多的精力，去幫助每一個孩子找出適合自己冷靜下來、解決問題的方法。

有些小孩可以藉由塗鴉、畫畫或其他表達自我的方式冷靜下來；有些小孩可以在一個安靜的角落、藉由獨處冷靜下來；有些小孩可以藉由堆積木、按泡泡紙等重複的動作冷靜下來。每個孩子都一定有可以冷靜下來的方式，要靠爸爸媽媽耐心幫他們去發掘。

不打孩子，不是不管教孩子。不被打的孩子不會變得無法無天，他們會長成更成熟、更能自我覺察、更能貢獻社會的大人。

不要陷入「都是因為孩子」的思維陷阱

相傳莎士比亞因為鼠疫而居家防疫期間，寫出了曠世巨著《李爾王》。

二〇二〇年三月初，當全美各地受到新冠肺炎影響，開始陸續停班停課時，我的出差都取消了，因此也雄心勃勃，想說要用這段時間來寫下一本書。

結果一個月過去了，我一個字都沒寫，天天跟在小小豬、迷你豬這兩小豬孩屁股後面跑。

我真痛恨自己的平庸。在社群媒體上把這件事當笑話來寫，閨密們都好言勸慰，「莎士比亞不用管家務啊！」「莎士比亞不用帶小孩啊！」

晚餐桌上拿這件事對江小豬怨嘆兩句，神隊友也好言勸慰，「莎士比亞家沒有小小豬和迷你豬啊！」

我馬上在桌下踢了江小豬一腳，但是尖著耳朵的小小豬已經聽見了。他說：「所以都是我們害的？」

「當然不是！」我趕緊說：「是因為媽媽沒有莎士比亞的才華。」

這樣說並不是為了安慰小小豬。早在小小豬六個月大、我決定辭去全職記者工作成為自由撰稿人的時候，就跟自己約定：這是我自己的決定，不論將來是好是歹，都不可有「都是因為孩子才這樣」的想法。

熟悉我的朋友都知道，我辭職的直接原因是因為我當時服務的報社阻撓媽媽在工作當中集乳，我因此辭職並採取法律途徑維護自己和寶寶的權利。無論如何，辭職是我自己的決定，不是小小豬的要求，看著他吃了兩年母乳，長得健康又強壯，斷奶前未生過病，我覺得很幸福，也覺得自己決策正確，但我絕對不會對小小豬說「都是因為你，媽媽才會辭職」。

因為，一旦產生「都是因為孩子才這樣」的想法，不但會對孩子產生不合理的壓力，媽媽自己也會陷入自憐的情緒，而這種情緒對媽媽自己的心理健康、對親子關係的影響都是負面的。在疫情爆發停課期間，我對這個道理又有進一步的體會。

小小豬出生以後，我從未吼過他，連一次都沒有，但停課期間卻老是忍不住對他吼，因為我經常花了一個早上陪他上網課，下午該是我上班的時間了，他卻一直跑進我的書房，一會兒東摸西摸，一會兒對我展示他的畫作或樂高作品，仰起小臉等著稱讚。

工作一直被打斷，截稿壓力在眼前，好言哄他出去也沒用，我在第一個下午就對他大吼：「我已經陪你一整個早上了，現在是我上班時間！出去！」

而這孩子被吼罵了，卻仍不屈不撓地一直跑進書房來找我！到了周末我就喉嚨痛，一度以為自己中了新冠病毒而緊張不已，同事還把這事畫成漫畫。

後來，我發現自己只是吼太多而導致喉嚨痛，便自怨自艾地想：「都是因為小小豬，都是小小豬害的。」

這麼一想，平常看慣的小問題，從手足爭吵到拒寫中文作業，都讓我無明火起，覺得自己當媽媽當得太委屈了。

當年四月初，聯合國發布警告，指出疫情之下，大人承受巨大壓力，長期居家使衝突沒有緩衝餘地，導致全球家暴案與虐童案激增，聯合國祕書長安東尼奧・古特雷斯（António Guterres）呼籲各國政府立刻採取行動，保護婦女與兒童。

我看到報告，覺得難過，也發現停班以來，我跟江小豬的確都比較煩躁，我更因為承擔起了大部分指導小小豬在家上課的責任而落入了「都是因為小孩」的自憐心態，而這種負面想法正是我一直提醒自己要避免的啊！

我跟小小豬開誠布公地討論這件事，他說我好像變兇了，但是他覺得自己好像也變兇了，因為停課以後天天在家，他常常覺得弟弟迷你豬很煩，就對弟弟叫罵。防疫期間大家都不容易，我們約定要互相提醒：可以生氣，但是不能拿家人出氣。

回到莎士比亞有沒有自己帶小孩的問題。一方面，莎士比亞是一個生活在十六世紀末到十七世紀初的英國男性，考慮其時代背景，似乎可以合理推斷他不必親自育兒。

另一方面，莎士比亞有三個孩子，次子和女兒是一對雙胞胎，而從這對龍鳳胎出生後、到莎士比亞再次出現在倫敦歌劇院，當中七年莎翁完全沒有作品問世，關於他的歷史紀錄也非常少，一些學者把這七年稱為「行蹤成謎的歲月」。所以這七年間莎翁是不是忙著教養子女呢？是有這個可能，但也無從證實。

但是，從莎士比亞在《李爾王》、《哈姆雷特》和《羅密歐與茱麗葉》等作品中展現出對親子關係的細緻觀察以及對教養子女的超人智慧，如果他完全沒有參與育兒活動，那我等平庸之輩也只能五體投地，跪拜天才了。

不過，我至少可以做到一點：就算新書寫不出來，也不能把育兒責任拿來當作自己庸碌無能的藉口！

職場媽媽的小幸福

美國女權運動先驅、聯邦大法官露絲・拜德・金斯伯格（Ruth Bader Ginsburg，美國人暱稱她為RBG）於二〇二〇年九月十八日與世長辭，享壽八十七歲。我不認識她，但我也跟全美國喜愛她的人一起哀悼——因為在友善家庭觀念政策還沒形成的上世紀四〇年代，RBG是成功的職場媽媽的標誌，是所有夢想兼顧家庭與事業的女性的榜樣。

直到今天，RBG平衡家庭生活與事業的藝術，仍然啟發著年輕一代的職場媽媽。她去世前三年，接受《大西洋月刊》採訪時說過一段話，一直令我印象深刻：「我將我的成功，很大一部分歸功於我的女兒珍（Jane）。」

RBG開始上法學院的時候，女兒剛滿十四個月。她說：「我覺得我生活的兩個部分，各讓我有機會從另一部分喘口氣……我早上八點去上課，下午四點回家，我下課後直到珍上床睡覺之前，是我的育兒時間。」

小小豬還小的時候，我也常常有這種感覺（其實到現在還常有這種感覺，因為迷你豬也才一年級）：我工作，然後育兒。育兒，然後工作。有時候被採訪或其他工作耽擱了，很晚才回家，看到小小豬穿著睡衣，跑到車庫門口迎接我，就覺得疲憊的身心都得到了療癒。

在家陪孩子玩的時候，我很專注。常常聽到媽媽朋友們說陪孩子陪久了很無聊，忍不住要滑手機，但我覺得跟孩子在一起的時間好珍貴啊，怎麼會想滑手機呢？

有時候陪孩子玩了一整天，腰痠背痛、骨頭都快散了，等到孩子睡熟，我才輕手輕腳下樓，泡一杯茶到書房裡，扭亮檯燈，打開電腦，一屁股在辦公椅上坐下，立馬覺得精神百倍，腰也不痠了、背也不痛了，下筆如有神助。

我生活的兩個部分，不僅讓我有機會從另一個部分喘口氣，更讓我得到靈感與鼓舞。我的育兒生活與職場生活餵養著彼此，這就是職場媽媽的小幸福。

我不敢說自己是個成功的職場媽媽，但我很高興自己樂在其中：作為一個媽媽，和作為一個專業記者。要掌握一個職場媽媽的小幸福，其實也不難。我們需要做到的，只是在職場上和家庭裡都盡力而為，但不放棄自己應有的權利。

我曾經為了爭取工作場所集乳權而和公司打官司。我工作忙的時候就大方要求伴侶支援，不會因此產生罪惡感。防疫期間小小豬居家上學，那段時間我負責幫小小豬上課，江小豬就負責料理一日三餐。媽媽們當然可以有成功的事業，職場女性當然可以有幸福的家庭，家庭和事業從來就不該是犧牲一樣才能得到另一樣的東西。

走筆至此，覺得自己好像有些理想化了。畢竟友善家庭政策在很多國家仍然不健全，還有很長的路要走。在這個性別仍然不平等的大環境下，身為女人真的能擁有一切嗎？

就用RBG在二〇一四年的採訪中說過的一句話作結吧：「我無法同時擁有一切。但綜觀我人生的不同階段，我想我兼顧了一切。」

{第五部}

接受自己的脆弱與不完美

臉書上的完美媽媽，為何攜六子自殺？

二〇二〇年三月上映的紀錄片《一連串的欺騙：哈特家族的悲劇》（暫譯，*A Thread of Deceit: The Hart Family Tragedy*），讓許多美國人又想起了二〇一八年轟動一時的哈特命案。

包括我。在跑醫療文教新聞之前，我跑了六年的犯罪與災難新聞。這兩條路線只有一個共同點，就是要處理虐童與殺童新聞。在我報導過的殺童案當中，哈特命案無疑是我最無法忘懷的悲劇。

二〇一八年的三月天，白人媽媽珍・哈特（Jen Hart）駕著一輛休旅車，載著她的同性伴侶莎拉（Sarah Hart）和她們收養的六個黑人孩子，衝下北加州一〇一號公路的懸崖，一家八口殞命。警方調查發現沒有煞車痕跡，研判這是一起自殺暨謀殺案。承辦本案的門多西諾郡警長歐曼（Tom Allman）說：「這不是意外，這是犯罪。」

本案震驚美國社會，但最震驚的是珍和莎拉的朋友——因為這對白人同性伴侶在社群媒體上呈現的形象是絕對的美好：珍經常貼出孩子們開心歡笑的照片，配上啟發人心的文字，她的每篇圖文都有數百個讚。她們的朋友斯柏林（Ian Sperling）說：「每個人都好羨慕，她們是朋友圈裡的完美媽媽。」

但命案發生後兩年，隨著警方調查將哈特命案之謎的拼圖一片片拼湊起來，人們發現這對完美媽媽的生活不過是一連串的謊言。珍和莎拉在明尼蘇達等三個州因為虐童被通緝。每次被調查，她們就搬到外州，然後收養更多孩子。最後她們搬到華盛頓州，並申請在家自學。從此以後，除了出現在媽媽們的臉書上，這六個孩子完全與外界隔離了。

命案發生前，她們最大的兩個孩子跑到鄰居家乞求食物並請求保護。鄰居擔心孩子有危險，在當年三月二十三日報警。二十四日警方會同社工來到哈特家搜查，已經人去樓空。華盛頓警方發布全州通緝，但此時他們已經離開了華盛頓。最後在二十六日早上，一位德國觀光客發現哈特家的車掉在加州公路邊的懸崖下。

許多檢調人員、警方、調查記者、紀錄片導演……開始進行調查，命案發生後一年，黑人導演克萊姆斯（Jon Chrymes）發表了第一部試圖解釋這起命案的紀錄片：《無「心」之過：哈特家孩子的悲劇》（暫譯：No Hart: The Tragic Story of the Hart Kids）。

克萊姆斯追溯珍的童年，認為她是一個有病態自戀人格的人，持續收養孩子是為了在社會上、包括在社群媒體上建立一個自己想要的形象；更直指珍是一個種族主義者，專門收養黑人孩子，因為她把孩子當作道具使用。根據明尼蘇達州警的調查紀錄，她們收養的孩子都曾因為不配合拍照而遭到毆打，或者以不准吃飯作為懲罰。

二〇二〇年上映的《一連串的欺騙：哈特家族的悲劇》則指出，珍在臉書上貼出的每一張照片都經過精心排練和策劃，甚至長途開車帶孩子們到一些網美風景區或是受矚目的社會運動現場，把他們打扮起來，叫他們按照劇本擺姿勢拍照。導演摩根（Rachel Morgan）認為，在社群媒體上完美演出的壓力很大，把珍的病態人格推向了極致。

摩根將這起悲劇歸咎於社群媒體的主張遭到觀眾的普遍批評，許多憤怒觀眾在摩根的YouTube頻道留言痛罵：「不管有沒有臉書，這兩個人就是變態！」「她們本來就不該收養孩子！」「把她們形容成社群媒體的受害者真是太噁心了！」

我曾經採訪過許多虐童致死案，從瓊斯案1到李普利案2，每個案子都令人心碎，但我真的從未見過一個全然變態邪惡的父母。以哈特命案來說，珍的瘋狂令人髮指，但社群媒體上失控的曬娃風潮，的確也將她和伴侶以及六個孩子推下萬劫不復的深淵。

我仍然相信，狂人可以治療，社會可以改變。案發後，她們曾經的朋友斯柏林懊惱地指出，仔細看珍曬出的照片，就會發現很多奇怪的地方：「像是我太太發現一張孩子們在畫水彩畫的照片，他們手上的畫筆根本沒沾顏料。其他像這樣奇怪的照片還有很多。」

如果，在那按讚的數百個朋友當中，有一個人真正去關心珍藏在臉書後面的

1 二〇一七年，哈佛大學拒絕更生人瓊斯（Michelle Jones）入學，理由是瓊斯十八歲時虐待自己的四歲兒子致死。哈佛的決定遭到美國學界廣泛批評。

2 二〇二〇年，佛羅里達媽媽李普利（Patricia Ripley）不堪長期身心負荷，將九歲的自閉症兒子推下溝渠溺斃，震驚美國社會。李普利被控一級謀殺罪。

真實生活與心境，這一家八口也許就能得救。

無可奈何的是，人生沒有如果。但願我們永不忘記，這六個孩子用生命教我們的事。

壞媽媽

在我心目中，有個完美的媽媽。她永遠開朗愉快，永遠把孩子的需求放在第一位。她自己沒有任何需求，且永遠不會做出令自己後悔的決定。我經常拿我自己和那個完美的媽媽比較，但永遠比不上。

在我身邊，總是有人提醒我，我不是那個完美的媽媽。他們會問：「妳不是在家上班嗎？為什麼不自己帶小孩？」「妳為什麼不煮飯？又沒帶小孩，天天在家，不是時間很多嗎？」

這種時候，我只能聳聳肩，笑著回答：「因為我是壞媽媽。」

我有兩個孩子，小小豬跟迷你豬。哥哥小小豬出生後，從三個月大開始托育。後來因為我當時的公司阻撓媽媽們在工作中集乳，小小豬六個月大時，我辭去全職記者工作，變成在家上班的自由撰稿人，但小小豬還是繼續托育。弟弟迷你豬出生後，也從三個月大起跟哥哥去同一所托育中心。

迷你豬開始托育以後，我的一天是這樣的：起床，餵飽迷你豬，送小小豬和迷你豬去上學，跟時間賽跑寫稿——我平均一天要產出兩千字，期間並要安排時間集乳兩次。如果我在四點鐘以前完成工作，我就煮飯，然後在六點鐘以前接小孩。我們回家，全家人一起坐下來吃晚餐。

如果我無法在四點鐘以前完成工作，我還是得在六點鐘以前接小孩。回家後全家人就吃冷凍食品，或者叫外賣。不論我們吃什麼，晚餐後江小豬跟我會一起陪孩子們玩一小時。之後我們分別給迷你豬餵睡前奶、幫小小豬刷牙、洗澡、講睡前故事、上床睡覺。他們睡著以後，兩個大人一起收拾餐桌，洗衣服，完成其他家務事。

這是輕鬆的一天。如果江小豬要出差，或者我要出城去採訪，情況就會變得複雜。但最麻煩的，還是小孩生病的時候。有一回小小豬跟我的貓女兒布妮妮同時氣管炎，那一天我忙到差點忘了去動物醫院接回布妮妮。

這是我的生活。開始這樣的生活以後，我才發現，很多人覺得在家上班就等於沒上班，或者把小小孩送去托嬰是不可原諒的。

我認識一些理想的媽媽，她們什麼事都自己動手。她們在家生產。她們親自煮每一餐。她們自己教小孩，身兼媽媽和老師。我非常景仰她們。我也承認，因為有這些理想的媽媽存在，人們便有足夠的理由鄙視像我這樣不理想的媽媽。

他們會說：「妳把小孩送去托兒所，那妳自己都在幹麼？喝茶？逛街？」

從前，當小小豬剛開始托育的時候，我會耐心的回答所有這一類的問題。我會誠實地向他們報告我一天的行程，澄清我並沒有時間去喝茶逛街。我會熱切地與他們分享我篩選幼兒園的心得，說明我為什麼喜歡我孩子現在的老師。我會引用蕭伯納的名著《人與超人》，解釋我為什麼堅持保有自己的事業。

但是，我很快就發現，這些誠實與熱切只會招來更多問題。後來，我又發現，其實我心目中那個完美的媽媽，只存在於想像中。

後來，迷你豬也開始托育了。當我再度面對那些質疑時，我便笑一笑，聳聳肩，「是的，我是一個壞媽媽。」神奇的是，那些問我問題的人似乎都對這個說法非常滿意。

有一次，又有位平時愛爭論的長輩對我說：「我實在受不了看妳把那麼小的小孩送去托兒所。那太慘了！比我以前還慘！」

我笑笑說：「對啊，真慘。沒辦法，我不是像您那麼好的媽媽。」

她愣了一下，咕噥了一聲，「是喔。」第一次，我成功避免了不想進行的對話。

爸媽不需要事事都知道，我可以告訴孩子「我不知道」

有一次，我上品學堂創辦人黃國珍老師的Podcast「閱讀未來雙素養」，談數位時代的教養心法。節目最後，國珍老師問我，數位時代來臨以後，在這個瘋狂變化的世界裡，有沒有一個以不變應萬變的大原則？

我老實回答：「我不知道。我的辦法就是，不知道的時候，就老實跟孩子說我不知道，然後跟他一起找方法解決問題。」

有些爸爸媽媽可能覺得，向孩子承認「我不知道」感覺有失面子，但愈來愈多研究顯示，示範給孩子看，每個人的知識都有局限性，其實是有好處的。心理學家把這叫作「智力上的謙遜」（intellectual humility）。

了解每個人的知識都有局限性很重要，專家指出，不論大人小孩，智力上的謙遜讓我們懂得反思自己的態度與既有的認識，並追求自我完善。智力上謙遜的人傾向於仔細分辨所接收到的每一條訊息，也善於判斷論點的強度。他們會自動自發地學習，也更積極參與反饋，而不只是被動的資訊接收者。換句話說，他們不容易被假訊息誤導。

既然如此，為什麼承認「我不知道」那麼難呢？研究指出，這不但是因為人都愛面子，也是因為人類的大腦會自動去肯定我們第一個接收到的訊息，就算之後有更多訊息顯示我們最初接收到的訊息是錯的，我們也傾向去替最初的訊息找理由解釋，而不是承認錯誤、改變想法。

心理學家指出，多數人都傾向於高估自己知道的事情，而當我們承認「我不知道」或「我弄錯了」的時候，也冒著被別人論斷的危險，所以多數人寧可嘴硬到底，這種情形在政治人物或政治議題上尤其常見，這就是為什麼多數人在談到槍枝管制或氣候變遷的問題時，就算有如山的證據堆在眼前，也不會改變立場。

我可不想當這種嘴硬的父母，而且勇於對孩子說不，是培養智力上的謙遜的第一步。除此之外，我們還可以：

- 創造機會，鼓勵孩子去發掘不同的觀點：多涉獵立場不同甚至相反的文本，例如讀完《飄》以後來讀《湯姆叔叔的小屋》。
- 強調「承認自己不知道」的好處：跟孩子分享自己承認「不知道」以後獲得好處的經驗，例如：「媽媽小時候不喜歡吃香菇，所以覺得所有的菇類都一定很難吃。但後來我試了杏鮑菇，才發現我錯了！有的菇是很好吃的。」
- 輪流反省既有認知的膚淺跟錯誤之處：不時跟孩子討論自己這個星期發現了哪些既有的認知上的錯誤。例如：「爺爺一直以為吃了用微波爐熱的食物會得癌症，看到新的研究才知道那是錯的。」

我心目中的完美節日季與完美生日趴

二〇二〇年間的新冠肺炎疫情改變了很多事，比方說過節跟慶祝生日的方式。

先說過節。小小豬出生以後，每逢節日季，我都全力以赴地為他創造特別的回憶。這表示準備豐富的聖誕禮物、裝飾房子的裡裡外外、安排玩雪假期，直到把我自己累趴為止。

過完萬聖節、感恩節、聖誕節以後，當全家人在新年假期高高興興去玩雪，我經常只想躺在飯店床上喝熱可可。

節日季是一年之中最歡樂的一段時間，但對於負責製造這些「歡樂」的人來說，節日季也是壓力爆表的一段時間。這些人往往是媽媽——密西根州立大學調查顯示，媽媽們是多數家庭中負責大部分除舊布新、規劃活動、採買禮物的人。同項調查顯示，兩成家長表示，年節壓力對生活有負面影響，而節日季當中媽媽們壓力飆高的比率，是爸爸們的兩倍。

而且，在許多家庭裡，負責上班賺錢的爸爸們過年有假可放，在家照顧小孩的媽媽卻是全年無休。在日常家事之外加上規劃過年過節，還要應酬親戚，許多媽媽覺得吃不消；但如果不用盡全力安排一個完美節日季，媽媽們又會有罪惡感。

這個現象所反映的，是社會對媽媽們的期待。心理學家和社會學家指出，尤其在社群媒體時代來臨以後，過節不再只是創造回憶或延續家庭傳統，還有些表演的意味在裡面，媽媽們難免想曬個漂亮布置或聖誕大餐的照片，希望大家都來按讚。

直到二〇二〇年，時間好像忽然靜止了。因為新冠肺炎疫情，許多節日準備工作都不必做了，這讓我們意識到過節風氣一直以來對媽媽們身心健康的影響

——身為家裡製造歡樂的那個人，在摩拳擦掌準備過年過節、採買禮物、應付親戚的同時，我們也該留點時間給自己，好好享受節日。

我還是很喜歡過節，我也喜歡曬萬聖節打扮或聖誕節布置的照片，但我最想要的，是利用年節的傳統，跟家人聯絡感情。

舉例來說，花好幾個小時煮一頓聖誕或年夜大餐，表示媽媽得在廚房裡忙上好幾個小時，與此同時，其他家人或親戚卻在另一個房間裡有說有笑，等著享受大餐，這絕不是媽媽們想要的。

在那之後過了一年，當我們又迎來另一個節日季，為了我自己的心理健康，也為了讓家人之間聯絡感情，我決定不再把製造歡樂的責任往自己身上攬，而是動員全家人一起分擔。聖誕節前兩天，在父子三人幫助下，我把家裡打掃乾淨，準備好禮物，也包裝得漂漂亮亮。但我決定不下廚，改訂外送的聖誕大餐，所以聖誕節前一天下午，我不用規劃菜單然後去超市採買，可以悠閒地去游泳，然後在池畔邊喝蛋酒邊寫這篇文章。

再說生日。疫情過後，隨著生活漸漸恢復正常，有一種東西也回到了媽媽們的行事曆上：一種讓爸爸媽媽們先是一陣興奮，然後壓力暴增、焦慮不堪，最後筋疲力盡的東西——小孩的生日趴！

美國人超愛趴，疫情爆發前，我的很多媽媽朋友辦起小孩的生日趴，都是廣邀親朋好友，就像台灣人結婚發喜帖一樣。

另一方面，辦生日趴雖然好玩，我的很多媽媽朋友也私下承認，要組織一個主題鮮明、井井有條的派對，真的壓力山大！

辦小孩的生日趴是大學問，從選定派對主題、訂做客製蛋糕、準備送客小禮，都不能馬虎。有些媽媽連送客小禮都客製化，製作精緻的小餅乾上面寫著：「某某小公主四歲了！」有的媽媽會算好人數，給小女生的禮包裡裝著小公主皇冠、給小男生的禮包裡裝著超級英雄面具。每個生日趴過後，受邀參加的媽媽們經常私底下談論：「天啊，妳看到他家的禮包了嗎？那一份起碼要二十鎂吧？」「他家請的演員扮蜘蛛人，比小丑好多了！不知道多少錢？」

居家防疫期間，生日趴暫時消失了。疫情過後，生日趴又回來了。但是，後疫情時代的生日趴，規模明顯小了很多。沒有人再邀請全班同學了，通常就邀請孩子的幾個好朋友。沒有人再租鄉村俱樂部那種大型派對場地，通常就在自家後院或借用社區公園。有的邀請函上還寫著：「不用帶生日禮物！帶一本書來交換吧！」比起前疫情時代，孩子的生日趴低調了許多。

「小孩生日就是要辦超大派對」的社交壓力消失以後，我乾脆再也不辦生日派對了。但這並不表示我們家不再重視生日。事實上，經過十五個月的居家令，我們期待過生日的心情更高昂了！但比起筋疲力盡地籌劃派對、大宴賓客，我決定用旅遊的方式，一家四口享受悠閒的時光。

疫情過後那一年，小小豬生日，我們坐郵輪去墨西哥玩。迷你豬生日，我們去露營看大象、長頸鹿和犀牛。我真心覺得，比起開趴應酬客人，坐在甲板上一邊吹海風、一邊喝茶吃蛋糕，或者在帳篷前面聽著貓頭鷹呼呼叫、同時烤棉花糖，更適合我們家。

當然，也有媽媽喜歡熱鬧的生日趴，疫情過後迫不及待地要大辦派對。我有位媽媽朋友就租下一個俱樂部的游泳池，邀請孩子的全班同學。但是她也對我說：「現在辦趴比以前輕鬆多了，沒有比來比去的壓力。」

不論是像我朋友那種愛開趴的媽媽，還是像我這種內向的媽媽，不用再搞個奢侈的趴來證明「我是好媽媽」。真是太好了。我們都有更多的餘裕來想一想，孩子想要什麼樣的生日、我願意為他的生日花多少金錢或多少精力，找到更適合自己家的慶祝方式。

被允許脆弱的孩子，才能真正堅強

二〇二〇年美國大選選情激烈，好些國內的朋友問我有什麼看法。我說：「呃……我們要謹慎教育自己的孩子，好教他們認清自己的脆弱，成為真正堅強的人。」

這聽起來好像跟大選沒什麼關係，是不是？是這樣的：我在新聞界混跡十幾年，也算是個資深記者，但是沒跑過政治新聞，也不宜對選情做什麼評論。另一方面，我跑了十年教育新聞，自己也是媽媽，還做過代課老師，倒是可以談談選舉中種種現象對教養教育的啟示。

大概選前一個月左右吧，時仍在位的川普總統確診新冠肺炎，住院三天後宣稱病癒出院，並沒有遵守美國疾管局的隔離規定。當時還在居家防疫期間，那天小小豬上完網課以後，在網路上看到一段川普總統回到白宮的影片。影片中總統在鏡頭前脫掉口罩，並對著鏡頭比讚。

小小豬問我，「總統生病了為什麼不戴口罩，也沒有待在醫院裡？老師說現在到處都有病毒，大家都要戴口罩，生病的人要隔離兩個星期。」

一時之間，我真不知怎麼回答。真的，遠距教學最困擾的，就是小孩會在網路上看到一些我沒預期他會看到的東西。我該怎麼告訴他呢？

「因為總統不相信新冠肺炎很嚴重，所以他不待在醫院裡」？好像不太對。

「因為總統是特別的人，所以他不用戴口罩」？好像更不對。

想了一下，我說：「因為總統害怕如果自己被病毒打敗了，就會被大家笑，所以要努力做出很強壯的樣子。」

小小豬想了一下，說：「哦，所以總統就像『蠻力蹄』一樣！當總統真是太辛苦了。」

「蠻力蹄」是經典繪本《愛花的牛》改編成的動畫電影《萌牛費迪南》劇中

的一頭配角公牛。這個故事的背景設在崇尚鬥牛的西班牙，蠻力蹄從小就被爸爸教育：弱者會被嘲笑、會被丟掉、會被做成牛排，所以即使被打掉了一支角，蠻力蹄還是表現出十分強硬兇狠的樣子，但最後觀眾看到，蠻力蹄其實才是最害怕的。

川普總統的父親老川普也教育孩子：弱者會被嘲笑、會被丟掉，川普總統的哥哥小弗萊德就是達不到父親期待、被父母拋棄的前鑑。這段往事，在小弗萊德的女兒、川普總統的姪女、心理醫師瑪麗・川普的著作《永不滿足》裡有詳細的描述。因此即使染疫，川普總統選擇的形象不是認清自己的脆弱並謹慎處理疫情，卻是提前出院並在鏡頭前脫掉口罩表示剛強、表示病毒不會打倒他，恐怕是一種「我如果因為染疫而表現脆弱，就會被人民丟掉」的表現吧。諷刺的是，正是荒腔走板的防疫措施讓美國陷入焦慮，也讓川普最後輸掉白宮。

靜觀這次總統大選期間川普總統的種種行徑，我真的覺得，家有男孩的家長都應該引以為戒。在社會化的過程中被迫接受男子氣概的刻板印象、不被允許脆弱的小男孩，就算看似攀上人生巔峰，實則永遠無法真正強大。外強中乾的男孩毀掉的不只是自己的人生，還有身邊的一切。

寫給我兒的兩封信

其一：寫給我愛哭的兒子，願你永遠保有仁慈的天性

親愛的小小豬：

你又哭了。

那天接你放學的路上，美國國家廣播電台正在報導哥斯大黎加的海龜蛋被非法偷取、當作珍饈送上餐桌，使得已經瀕危的海龜處境更加艱難的新聞。

我知道你是一個非常敏感的孩子，所以我趕緊把收音機關掉。但是你已經聽見了，並強烈表示關切。

你大聲而焦急地說：「海龜的寶寶要被吃掉了！有沒有人去救牠們？我們可以去救牠們嗎？」

你重複了幾遍，然後你哭了。因為車上只有我和你，你毫無顧忌，大聲地哭了起來。

你是一個愛哭的孩子，而且不知何時已經在親友間得了「愛哭鬼」的綽號。因為你剛好是個男孩子，而我們的社會不知為何更不能接受男孩哭泣，所以你就開始聽到「這個孩子真是懦弱」、「真是玻璃心」之類的批評。

今天，我想告訴你，眼淚不是懦弱，也不是玻璃心的表現。你既不懦弱，也不玻璃心。相反地，你勇敢又強韌。你三歲的時候，看到聯合國兒童基金會為馬修風災募款的宣導短片，哭著讓媽媽掏出信用卡來捐款。你五歲的時候，為了請求甜甜圈公司不要把形狀不夠圓的甜甜圈丟掉、請他們改把這些甜甜圈捐給食物銀行，連續寫了三封信，即使被拒絕也不氣餒。

你六歲的時候學到引擎怠速對全球暖化的影響，做了一個「救救北極熊，接送小孩時請不要讓您的引擎怠速」的海報貼在弟弟幼兒園門口，但是成效不彰，你動腦筋做了好多不同版本的海報，無論如何都不放棄。

你發現了嗎？你的眼淚，每一次都會帶來美好的改變。

這一次，你因為海龜蛋被偷而哭，然後你透過世界自然基金會收養了三隻海龜寶寶，並且把捐款得到的填充海龜玩偶紀念品送給弟弟當生日禮物。如果不是你，媽媽我，還有爸爸、弟弟，根本不會去關心瀕危海龜的處境。

你有一顆柔軟的心和一個純淨的靈魂，所以你對任何事物的感受都很強烈。我希望你明白：這是你的超能力，不是你的弱點。這個世界需要更多像你這樣的孩子，所以不要壓抑你的感受。你不需要去治癒你遇見的每一個人，但要在人生的長路上保持你仁慈的天性。親近真正欣賞你、感謝你的人，遠離那些只想利用你的仁慈、或者嘲笑你、對你潑冷水的人。不要讓任何人說你懦弱，因為你並不懦弱。即使只有七歲的年紀，你看得遠、想得多，是媽媽眼中最珍貴的寶石——這就是為什麼你的名字叫作Jade。不論你去哪裡，請永遠不要停止發光發熱，也請記得我永遠支持你。

永遠無條件愛你的媽媽

二〇二一年十一月二十日寫於聖地牙哥

其二：寫給我的幼兒園畢業生，媽媽不會只要你快樂

親愛的迷你豬：

今天你從幼兒園畢業了。在這四年當中，你學會了拿筷子吃飯，穿鞋子，畫恐龍，寫自己的名字，還有好多其他的事情，我真的好為你驕傲。

今天，畢業生的爸爸媽媽都在談論自己對孩子的期望。十個爸媽當中，有九個人會說：「我只要他快樂」。這句話是那麼理所當然，那麼容易出口，但我想了想，我對你真正的期望是什麼？

我想，如果「只要你快樂」是我的教養目標，那麼我一定會失敗許多、許多次。沒有哪個人類是一直快樂的，那不合理也不可能。「快樂」只是眾多情緒中的一種，沒有人能命令自己快樂，人生也不該以快樂為目的。我不會以「只要快樂」作為給自己的目標，也不會以「只要快樂」作為給你的期望。

讓我告訴你，你可以有不快樂的時候。你可以失敗，可以焦慮，可以悲傷，

可以生氣，可以害怕，可以覺得丟臉，可以有罪惡感。我珍惜你的快樂，但不會因為你不快樂就對你失望，或者覺得我自己教養失敗。

每一種情緒都有它存在的價值。你發脾氣的時候、鬧彆扭的時候，我也一樣會愛你、接受你。我不會只喜歡快樂的你，我也不要你為了討媽媽喜歡，就假裝快樂。我希望你好好去感受每一種情緒，先練習活在當下，再練習不要讓情緒控制自己的行為。

我希望你知道，在我們家，你可以做真正的自己。這也是我對自己的期望：我期望我能提供你一個溫暖的空間，讓你可以安全表達自我；我期望我自己能尊重你的情緒，不論引發你情緒的事情在我看來有多麼微不足道（杯子的顏色不對？沒有搶先按到電梯的按鈕？），我都會提醒自己去接受你的感受。

我不能控制你的情緒，不能幫你把每件事「變好」，但我可以承諾你：在你沮喪的時候，憤怒的時候，恐懼的時候，甚至叛逆的時候，我都會在你身邊，跟你一起深呼吸幾次，然後陪你找出問題的根源，想一想解決的方法。

我對你的期望，不是「只要你快樂」。我對你的期望，是要你正直誠實，了解自己、接受自己、喜歡真正的自己，能感受自己的感受、覺察自己的感受。因為這樣的你，才是真正內心強大的你，才能在失敗時再接再厲。我期望你懂得設立自己的界線，也尊重別人的界線；在落魄時不自暴自棄，得勢時不濫用權威；

永遠保持好奇，且不忘初衷。

祝福你，前程似錦。

永遠無條件愛你的媽媽

二〇二二年六月十日寫於聖地牙哥

{第六部}

斬斷代際傷痛

讓傷害，到我為止

我犯過最大的教養錯誤，是在小小豬四歲的時候。

歷經麻煩的兩歲、可怕的三歲，小小豬進入了叛逆的四歲，每天致力於挑戰我和他爸爸江小豬的底線。在一次衝突後，他不知道第幾次向我抗議：「為什麼我要去房間冷靜一下？妳小時候外婆會叫妳去房間冷靜一下嗎？」

筋疲力盡的我，生氣地喊了出來，「外婆不會叫我去房間——外婆會拿藤條、拿衣架打我，一直把我打到皮開肉綻！」

話還沒說完，我就後悔了。小小豬顯然受到驚嚇，鑽進房裡把門關上。我淚眼汪汪地回頭，江小豬露出一種「我理解妳」的表情看著我。我不可抑制地哭了出來。

小時候，就算我想去房間冷靜一下，也是不可能的。一次逃避母親的追打時，我躲進房裡，把門鎖上，但母親叫來父親，拿工具把房門撬開，把躲在棉被裡的我打到遍體鱗傷。很多年後，我回想起這個經驗，仍是不寒而慄。

尤其成為母親之後，我體會到為人父母在親子衝突時，盛怒下容易做出失控的舉動，但只要稍微冷靜一下就可以避免。把房門撬開的時間，應該足夠一個成熟的大人冷靜了。但我父母並沒有冷靜，在一聲聲「下賤」、「去死」的叫罵聲中，他們打壞了一支網球拍。三十年過去了，我回想起來，仍然覺得那個時候媽媽是下了決心要把我活活打死。

走出童年陰影的路漫長而痛苦。與江小豬交往的時候，我坦白告訴他，「我們不能有小孩，因為我很可能會打小孩。」

很多研究顯示，受虐兒長大會變成施虐者。著名的「恆河猴實驗」中，實驗者將剛出生的小猴子與母親隔離，給牠一個絨布媽媽、一個鐵絲網媽媽。絨布溫暖，但身上沒有奶瓶；鐵絲網冰冷，但身上有個奶瓶，小猴子可以吸吮。實驗者發現，小猴子所有時間都抱著絨布媽媽，只有肚子餓時才會過去鐵絲網媽媽那邊，一吃完又馬上回到絨布媽媽身上。這些小猴子長大以後，實驗者發現牠們不能正常地交配，用人工受精的方式讓牠們懷孕以後，牠們會把親生的孩子虐待死，用嘴咬、用手撕、把小猴從籠子頂往下摔。

我很信服這個研究。我與兩個親妹妹也是關係惡劣，每次衝突起來就是撕咬互毆，且一直到長大離家、尋求專業協助之前，我都不覺得這有什麼不對：我從媽媽身上學到一不如意就是要生氣，一生氣就是要歇斯底里、就是要打人。爸爸媽媽可以毆打我、辱罵我、威脅要把我殺死，那我為什麼不能毆打妹妹、辱罵妹妹、威脅要把她們殺死？

發現自己原生家庭的病態以後，我一直害怕自己成為虐待孩子的母親，這種恐懼感並顯著地影響到我與歷任男友間的親密關係。

直到認識江小豬以後，他一直陪在我身邊，給我全然的支持，我們終於走入婚姻。可想而知，婚後數年，我們膝下猶虛，婆家親戚催生的冷言冷語，像刀割箭扎撲面而來，我一直躲在江小豬身後，他替我擋住了所有攻擊，讓我在充分準備好以後才生下小小豬。那個時候我們已經結婚五年。

我矢志擺脫原生家庭對我的影響，即使在最抓狂的時候，也盡力對小小豬保持著堅定溫和的態度，沒有打過他一下，也沒有吼過他一次。我努力與父母和解，不是因為我認同了他們，而是因為我不願再讓自己陷入仇恨的泥淖中。

我固定拿孝親費回家，每周與父母視訊通話，只為了讓小小豬正常地認識外公外婆。我是這麼的努力，但這許多努力卻這麼輕易就破功了。

那天小小豬在房裡待了比平常還久的時間。江小豬說我應該跟小小豬談談，「就告訴他有些爸爸媽媽會打小孩，那是不對的。我們不會打他，但這不表示我們會縱容他胡鬧。」

「我好擔心小小豬。」

「我不擔心他。我擔心妳。妳這麼努力，不要因為一次錯誤就放棄了。」

我躊躇了幾天，直到小小豬開口問起，「媽媽，妳小時候外婆常常打妳嗎？」

我想了一下，決定說實話，「是的。」

「帕瓦內老師說不可以打人。」

「老師說得對。」接著，我簡單地對他說：「打人是不對的，每個人都有做錯事的時候，外婆在這件事上做錯了，但這不會改變外婆仍然疼愛小小豬的事實。至於在爸爸、媽媽、小小豬的家裡是絕對不容許打人的，大人小孩有話都要好好講。」他抱住我，看起來放心了。

當然，這個話題沒有就此結束。小小豬十歲以後，我終於對他談起什麼是、以及為什麼會有兒童虐待，還有我的童年經驗對我造成的影響。接下來，我還準備告訴他，我如何走出傷痛，原諒別人也釋放自己。我很慶幸，在他四歲的時候犯了那個錯，讓我用之後好幾年的時間，思考了怎麼展開這些對話。

作為母親，我至少可以，讓傷害，到我為止。

那一夜，我感謝美國路人的雞婆

迷你豬滿六周的那一天，江小豬出差了。

夜裡我起身給迷你豬餵奶時，小小豬也爬起來，要求我抱他去廁所，「媽媽，我要尿尿！現在！」

我不知道要怎麼在不中斷哺乳的前提下，抱一個四歲的孩子去廁所。何況，小小豬早就學會自己上廁所了。

所以我告訴他：「拜託，寶貝，你知道怎麼自己上廁所。我現在沒辦法抱你。我在餵弟弟。」

「不要，不要，我要妳抱！」

「我可以陪你走到廁所。」

「不要，不要，不要！我要抱！」

我知道小小豬是想分得一點集中在弟弟身上的注意力，但是我不知道怎麼辦。江小豬不在家，而我已經累到無法形容的程度。嬰兒奶不睡，幼兒發脾氣，正是雪上加霜。

說到雪上加霜，此時小小豬尿褲子了。一尿褲子，他立馬大聲嚎叫起來。

「寶貝，寶貝，沒關係！」我試著安撫他，「我們難免都會有意外！現在把褲子脫掉，去拿一條毛巾把自己包起來，然後來坐在媽媽旁邊。等餵完弟弟，我們就來清理。」

但是他已經哭得上氣不接下氣，完全聽不見我說的話了。

過了很久，迷你豬終於睡著了。我把他放回小床上，然後把還在哭的小小豬報到浴室，幫他清理。他一定哭得很兇，因為在淋浴間時，我聽到門鈴響了。

一位警察先生站在門口，問我是否一切都好。

「是的，是的，」我告訴他，「我的孩子尿褲子裡在哭，但是他現在沒事了。」

他問了我幾個問題，確定我沒事。他又問我丈夫出差期間是否需要幫助，有幾個電話號碼我可以打。然後他祝我晚安，便離開了。

上樓的時候，我隔著後院的一排棕櫚樹，看到後面幾棟房屋的燈都亮了。我知道一定是鄰居聽到小孩哭叫報的警。幫小小豬擦背的時候，我心裡感到一種奇異的平靜，知道有人關注著這屋簷下發生的事，覺得非常安心。

在小小豬這個年紀的時候，我幾乎每天都被父母毆打。我們住在牆鄰牆的公寓樓房裡，不似現在的獨屋大院。當我痛得哭叫出聲，媽媽就會大罵，「不許哭，再哭我再打！給人聽見了多丟臉！被打的都是壞孩子，妳是要讓鄰居知道妳是多麼壞的孩子嗎？」

走路上下學的時候，偶爾有鄰居的叔叔阿姨瞥我一眼。我看不出他們是否能感覺到我家裡正在發生某些事。應該不知道吧，我想，因為從來沒有什麼人出現在我家門口，問我們是不是一切都好。

終究沒人來救我。後來，我自己逃走，定居美國，很久不曾回家，遠離了暴戾的父親和憂鬱的母親。

我從美國的新聞學院畢業，成為跑醫療文教線的記者，經常寫有關教養、教育、家庭生活、婦幼健康的文章。我與美國當地、也與兩岸三地的雜誌社或出版社合作，因此常常有機會從不同的角度觀察美國社會與華人世界對教養的不同態度。

舉個例子。去年台灣一對有三個小孩的「網紅」夫婦在臉書上貼出捉弄小孩的影片。在影片中，這對父母用吸塵器驚嚇四歲和兩歲的孩子，當弟弟嚇哭、哥哥企圖反抗時，被爸爸拿衣架打。雖然引起網友公憤，但這對夫妻並沒有受到任何處置。

與此同時，有五個小孩的美國網紅夫婦因為在YouTube上發布類似的捉弄孩子影片，結果失去監護權。我與一位熟識的小兒科醫師私下聊起這兩起案例的相似之處，他說：「如果台灣人跟美國人一樣雞婆，有很多受虐兒會得救。」

我忍不住想，如果小時候的鄰居當中有雞婆的人，或許我早就可以逃出那個恐怖的家，而我的妹妹也可能不會罹患焦慮症。

再舉一個例子。根據靖娟兒童安全基金會統計，二〇一六年全台有十六個嬰幼兒死於安全座椅可以避免的車禍傷害。雖然有兒童安全座椅相關法規，但沒有落實，就算父母沒有讓寶寶坐安全座椅，也沒有人會說任何話。但是在美國，我的一個朋友去機場接父母時，把四歲的兒子單獨留在車上，才離開了不過十分鐘，就被雞婆路人叫來機場警察，撬開車門「救」小孩出來。

有一年我回台灣宣傳新書期間，與家人在餐廳用餐，偶然看見一個爸爸掌摑一名看來只有兩歲的孩子。我嚇得當場跳起來，可是整間餐廳裡，除了我跟江小豬以外，其他人似乎都覺得這很正常。

同行的親友小聲對我說：「別人怎麼教孩子不關妳的事。」我只好裝作沒看見。事後小小豬一直問我怎麼沒人叫警察來，我不知道怎麼回答。過了好幾個月，我仍然覺得難受。

江小豬出差的那天晚上，警察出現在我家門口，問我是不是一切都好。我知道我被報警了。有些媽媽可能會覺得被冒犯，但我覺得很安心。如果那位警察先生早來五分鐘，我就可以請他幫我抱著迷你豬，讓我去幫小小豬洗屁股。我知道有鄰居在關心我家發生了什麼事，就好像我也關心他們家發生了什麼事。因為如此，我們為彼此的家庭織起了一張保護網。

內向的家長，能教養出有社交自信的孩子嗎？

加州口罩令解除的那一天，小小豬參加了一個朋友的生日派對。那是疫情年三月居家令發布以後，十五個月以來他參加的第一個實體派對。

在派對上，孩子們又玩又鬧，大吃蛋糕和餅乾；陪同參加派對的家長也坐在主人準備的沙灘椅上，有說有笑，小壽星的爸爸搬出一箱啤酒，大家就開罐暢飲起來。

看著這一幕，我覺得很驚奇。我是一個非常內向的人，解封以後，一時還不太習慣這種社交聚會，但是對外向的人來說，長達十五個月的居家令，似乎並未造成什麼影響。

關於居家令，有一點我還挺喜歡的，就是有十五個月的時間，我不用陪孩子參加派對。

我這個人不只內向，還很彆扭。我不喜歡派對，從小就不喜歡。我大概有社交焦慮吧！遇到那種避不開的派對，像是小學的期末同樂會，我就帶一本書，坐在自己的位子上讀，避免參加任何團體活動。其他小朋友都說我很怪。

彆扭的孩子長大以後成了彆扭的家長。必須陪同小小豬參加派對的時候，我就帶一本書，坐在角落讀。當然，現在我們都是成熟的大人了，必要時，我也可以放下書跟其他家長閒聊，沒有人會指著我的鼻子說我怪，我也覺得很自在。

但在內心深處，我常常擔憂：像我這種內向的家長，能養育出有社交自信的孩子嗎？我並不希望小小豬長成一個跟我一樣彆扭的人，所以我開始做研究。我參考相關書籍、跟其他內向的家長交換經驗、把握每一個採訪專家的機會，請教他們這個問題（當記者真是方便啊）。

我學會的第一件事，就是彆扭、內向、社交焦慮，這三件事其實是不一樣的——彆扭的人，通常是不太會察言觀色，而且注意細節勝過大局，因此容易在與人相處時碰壁。內向的人，則是喜歡獨處勝過群聚，但未必真的不善交際。而害羞或社交焦慮的人，則是害怕被評價，因此傾向避開人群。只是因為我們的社會價值觀普遍認為外向、健談才是理想的人格特質，所以這三種人都被歸為同一類。

一個彆扭、內向、害羞的家長，想要養育一個外向、健談的孩子，是很大的挑戰。一半的原因是由於基因——研究顯示，內向男孩百分之五十二，而內向女孩百分之三十九是遺傳來的。另一半的原因，是由於教育。

所以，如果你跟我一樣是個內向的家長，你還是有一半的機會生出外向的兒子、三分之二的機會生出外向的女兒。人格特質有很大的成分是由基因決定的，所以如果生出了天生外向的孩子，那幾乎就不用擔心了。但是如果你生出來的孩子跟你一樣內向，怎麼辦呢？

有一次我與一個跟我同樣內向的媽媽閒聊，她說：「我覺得我們真不容易。那些外向的人好像天生就知道怎麼交朋友，我們這種人卻是經過好多努力才學會。」

想想真是這樣。我也是經過很多挫折，才明白自己永遠不可能變成一個外向的人，但是我可以做一個好人，也可以學習認識自己的人格，找出自己的長處加以發揮。

小小豬從五歲起，就明顯地展露出內向敏感的特質，跟我小時候好像。當他告訴我在學校被無視，或者問我在新的班級要怎麼交到新朋友的時候，我從來就沒辦法給他能立即見效的建議或答案。

我總是問他，「今天在學校，有沒有做一個友善的人？有沒有去關心其他小朋友？」

如果他搖頭，我就對他說：「明天試試看去關心一個小朋友，問他今天過得怎麼樣。」

如果他點頭，我就說：「這樣就好了，你慢慢就會交到朋友的。」

我告訴他，我在小學的第一年，連半個朋友都沒有，因為每個人不一樣，有些人可以很快交到朋友，但有些人需要時間，慢慢來就好。

小小豬二年級結束的時候，老師讓小朋友們互寫評語，然後教小朋友們把得到的評語做成文字雲。小小豬把他做的企鵝形狀的文字雲帶回家，他得到的評語包括「友善」、「聰明」、「有愛心」……總之都是一些好字，我想是老師提醒過他們，寫評語的時候要寬厚。

我第一次問他，「現在你在班上有很多朋友嗎？」

暑假過後即將升上三年級的他說：「不算很多，我不是班上的酷小孩。但是我有一些很好的朋友，跟他們在一起我很開心。」

生氣過後，練習向孩子道歉

因為疫情停課整整一年以後，美國各中小學終於在小小豬三年級的三月初恢復全面實體上課，生活又回到了前疫情時代那種趕趕趕的日子。

小小豬跟迷你豬一開始很興奮，但不出一個月，就出現了適應不良的症狀：早上出門總是拖拖拉拉，傍晚回家經常累得哀哀叫。江小豬和我為了配合學區把學生們分為上午組、下午組上課以利維持社交距離的政策，經常必須放下手邊工作，把孩子們接來送去，每每為了分工討價還價，也覺得有點心煩。

於是，好些日子以來，一家四口不滿的情緒像是在文火上煨煮著，咕嘟咕嘟地冒泡，終於炸鍋了。

先是放學時下起大雨，讓我們無法按照計劃一起散步回家，小小豬很失望，坐在車上一路生悶氣。接著我們一起去幼兒園接迷你豬，兄弟倆在車上為細故吵鬧，爭相告狀，小小豬不耐地用腳踢著我的駕駛座椅背，我也被攪得煩躁起來。

回到家裡，兩小豬孩搶進家門，江小豬幫迷你豬脫鞋子，小小豬大聲抗議不公平。進得家門，第一件事先洗手，小小豬不慎把肥皂掉進廚房水槽裡，大喊：「媽媽幫我撿！」

「自己掉的自己撿！」我一邊說，一邊把出門前炒好的菜盛起來準備端上桌。小小豬生氣地對空亂揮一拳，這是他生氣時常有的動作，這回卻不巧把我手上的盤子打翻了。哐噹一聲，盤子摔得粉碎，一盤炒菜也不能吃了。

我沉下臉，提高嗓門，「你看你把全家人的菜打翻了！滾回房間去，今天你沒晚飯吃！」

小小豬哭著回房了。我跟江小豬合力把廚房打掃乾淨，又趕緊熱了一包冷凍蔬菜來代替被打翻的青菜。終於坐下來吃飯的時候又累又氣，胃口都沒了。只有迷你豬大概兔死狐悲，整頓晚餐異常乖巧安靜。

江小豬問我，「可以讓小小豬下來吃飯了吧？」

我生氣地說：「不行，我說過了他沒晚飯吃！」

說罷，我覺得自己過分了，但心裡面又有個小聲音在說：「我沒做錯！小小豬已經二年級了，應該要學習控制自己的行為。我已經對他很好了，我小時候要是敢打破盤子，早就被罵白痴廢物，被打到皮開肉綻，想回房間躲起來都不可能。」

江小豬堅持，「妳這是在氣頭上，讓我去跟他說。」說著，便上樓了。

我跟迷你豬坐在餐桌旁邊，一靜下來就後悔了。小小豬的行為應當受到處罰，但不論在何種情況下，不讓孩子吃飯都是不對的。我也不該拿我爸媽從前的行為來做比較，因為他們都有嚴重的情緒問題，而且我明明知道他們那樣做是錯的。

這不表示我不能生氣——為人父母幾乎不可能不對孩子生氣，因為我們只是凡人。澳洲新南威爾斯大學臨床心理學教授哈德森（Jennie Hudson）說：「有些人以為孩子應該被保護，不該經歷任何負面情緒，但那是不正常的，是一種『毒性正面』。」她指出，孩子應該看到父母也會生氣、煩躁、沮喪，但是父母懂得用正面策略去處理這些負面情緒。

那麼，我可以怎麼做呢？首先，哈德森說，當你對孩子爆氣以後，應該道歉，承認你犯了錯誤，並用適合孩子年紀的語言描述你的感受。

那天小小豬下樓以後，立刻對我說：「媽媽對不起我亂生氣，還打破盤子，我會用我的零用錢來賠。」這顯然是江小豬教他的。

我也對他說：「很抱歉說不准你吃飯，現在你已經知道做錯事了，也知道媽媽為什麼生氣。希望你以後會控制自己。我也會練習控制自己。」

當然，這是比較好的情況。有時候，我們實在太生氣了，沒辦法立刻向孩子道歉，怎麼辦呢？紐約生殖精神科醫師薩克斯（Alexandra Sacks）建議：「可以讓自己隔離冷靜一下。」很多美國家長用隔離取代體罰，其實隔離法也可以用在氣頭上的自己。

這個方法我也試過：有一次小小豬不聽勸告，在客廳裡玩球，打爛了我心愛的水晶貓咪擺飾，我氣到說不出話來，便把自己關在房裡。後來，江小豬帶小小豬出門買花來向我賠罪。

最後，身為一個小時候經常被父母失控打傷的孩子，我想告訴所有有緣看到這篇文章的爸爸媽媽：如果你發現自己經常無法抑制打罵孩子的衝動，請尋求專業協助。尋求專業協助並不表示你「有問題」，也不是軟弱的表現，相反的，這表示你是勇於承認錯誤、採取行動並照顧自己和家人的好爸爸、好媽媽。

教養一個和自己一模一樣的孩子

隨著小小豬漸漸長大，我發現教養他愈來愈不容易，因為他實在太像我了。每當我看著他，就覺得自己正在看著一面可以照見自己靈魂的魔鏡。

小小豬是個完美主義者，以極端嚴苛的標準要求自己。他的完美主義傾向在三年級時到達高峰，而我看著九歲的他跟四十歲的我為了同樣的事掙扎，覺得非常心疼，因為我知道這種性格會困擾他一生，而我對此卻無能為力。

隨便舉個例子。小小豬很重視自己的成績，寫作業的時候，如果有一個字寫不好，他就會對自己生氣好一陣子，然後才能冷靜下來慢慢重寫。

他的努力得到了報償。我們在家講中文，所以他剛上一年級的時候，因為語言隔閡有些落後，但二年級結束時他已經全科A+，三年級起被學區編列為資賦優異生，在標準課程以外練習四年級的閱讀跟五年級的數學。

我很高興看到他這麼努力，卻也擔心這會讓他的完美主義傾向變本加厲，更加不容許自己犯錯。我太熟悉這種情緒了——小時候的我也是這樣，而看著孩子步上自己走過的老路，讓我更加難受。我既痛恨自己不能保護他免於這種焦慮，又痛恨自己把這樣的氣質遺傳給他。

每當看著小小豬坐在書桌前鬧脾氣，我的思緒就飛回中學時代，想起自己如何在偶然失敗的小考後不可抑制地大哭大叫，覺得丟臉，擔心自己考不上高中、考不上大學、找不到工作、最後貧窮潦倒而死。現在回頭來看，那些想法當然是非常無稽可笑，但我不會忘記自己曾經有多麼重視那些東西，我的恐懼曾經是那麼的真實又深刻。

我的父母都是非常重視成績的人——與其說重視，不如說執著，他們會為了沒考到滿分的卷子把我打到屁股紅腫。但是江小豬跟我從來不要求小小豬的成績，也不會拿起橡皮擦擦掉他作業上寫得不漂亮的字。小小豬的完美主義與生俱來，都是基因的錯，我的錯。

我不能眼睜睜看著我的兒子跟我一樣被自責的情緒淹沒。幸運的是，當代的教養觀念已經較三十年前大有進步。十歲的我在痛苦掙扎時，無人聞問。但小小豬三年級的導師就觀察到他有過度追求完美而焦慮的傾向，幫他安排了心理輔導。那一年，小小豬每周跟學區的心理諮商師見一次面，「聊天、吃點心」。

而作為母親，我能做的最好的事，就是持續提醒自己：雖然小小豬跟我很像，但我們並不是同一個人。

臨床心理學家迪馬科（Ilyse Dobrow DiMarco）在其著作《媽媽腦》（暫譯，Mom Brain）中指出：「認知行為療法中有一個名詞叫作『災難化』，意思是我們預想災難一定會到來。」就像我看著小小豬跟我這麼像，就預想著他的少年期會跟我一樣悲慘，但事實未必如此。

迪馬科提醒了我：不要去「災難化」小小豬的童年經驗，預言他的經驗會跟我的一樣糟。雖然我們有相同的人格，但我們處在不同的環境、上不同的學校、交不同的朋友，最重要的是，我們有不同的父母。他甚至有機會在三年級時就接受心理諮商，這都是我小時候得不到的。

升上六年級的時候，小小豬的成績仍然優秀，先修七年級數學以外，還入選中學的科學奧林匹亞競試代表隊；最棒的是，他的完美主義症狀在學區諮商師的輔導下，已經獲得了很大改善，我覺得非常欣慰。

我知道在人生的長路上，他還會遇到比一張考不好的試卷更大的問題。他也許不能很好的應付每一個問題，就像我小時候也沒能很好地應付自己的問題。但我撐過來了。我願意對他懷抱信心，相信他能有一個比我更好的未來。

跟孩子一起成長！「戒吼」永不嫌遲

我還記得自己第一次吼小小豬的情景，當年他只有四歲。如今七年過去了，我的記憶猶新；當然，我對自己吼孩子的不良紀錄一點都不感到自豪。

糟糕的是，雖然在那之後我下定決心再也不吼孩子了，但是迷你豬出生以後，在兩個孩子造成的混亂間、在工作家庭蠟燭兩頭燒的壓力下，好幾次我還是忍不住提高了音量。而事後，我沒有一次不感覺糟糕透頂。

就算是最溫和、最正面、最負責任的爸爸媽媽，可能也難免要吼一吼小孩，尤其是在孩子調皮搗蛋、屢勸不聽的時候。但只要吼過一次小孩的父母都知道，吼罵不但傷害孩子，也傷害父母——沒有一個爸媽在吼完小孩以後會覺得自己幹得好。

好消息是，丟掉教養壞習慣永不嫌遲，我們也可以跟孩子一起成長。

許多針對動物——包括人類——為何吼叫的研究都指出，在演化的過程中，我們養成了以高分貝音量來回應某些刺激的習慣。紐約大學研究指出，吼叫聲中有一種獨特的聲學特徵，會引發大腦的恐懼反應，所以動物會吼叫來威嚇敵人、父母會吼叫來威嚇小孩。

瑞士日內瓦大學研究則指出，人類對於帶有威脅性的聲音會較快做出反應，所以爸爸媽媽叫小孩去寫作業時，用吼的小孩動作會更快。但是，吼叫的長期影響是有害的：研究指出，成長過程中經常被吼的孩子，出現憂鬱及行為問題的比例較高。

為人父母，用「恐懼感」作為控制孩子的武器是最不好的。要戒除吼叫的壞習慣，除了認清自己為什麼吼叫以外，還要有個對策，在下次忍不住想吼叫時拿出來用。臨床心理學家麥考伊（Jazmine McCoy）建議家長，給孩子清楚的指示，減少吼叫的機會。

不要說：「你什麼時候才要去寫作業？」

改說：「現在就去寫作業，寫完才能看電視。」

給孩子指示的時候，先把手邊的工作放下來，確定孩子有在聽你說話，再給指令。說話時要看著孩子。面對小小孩，蹲下來看著他們，再開口。

孩子很少故意無視我們，但他們常常不會注意到我們在講什麼。如果我們自己一邊滑手機，一邊心不在焉地說：「好啦好啦，不要玩了，趕快去寫作業！」那又怎麼能期待孩子好好聽我們下指令？

如果什麼方法都試過了，就是忍不住要吼叫，那可能需要反省一下自己的生活狀態，或者回溯一下過往。你是否沒有照顧好自己，讓自己陷入最不好的狀態？或者你的負面童年經驗，在不知不覺中對你的教養風格造成了影響？

我成長的過程中，爸爸媽媽很少好好講話，大吼大叫是常態，不僅如此，他們經常打我，把我打傷的次數多到早就不能用「失控」來解釋。我絕不想成為像我爸媽那樣的父母，因此結婚以後，我花了五年時間接受心理諮商，覺得自己做好了準備，在自認有把握不會打小孩的前提下，才生下小小豬。

戒除教養壞習慣也許不容易，但只要有決心，相信我們都能做到。

{第六部} 斬斷代際傷痛

{第七部}

原諒過去，釋放自己

回娘家的路，我走了十三年

小小豬三歲那一年的大年初二，我終於帶著他回娘家了。那是我赴美十三年、出嫁八年來，第一次回娘家過年。

我和爸爸媽媽的關係一直不好。我真的覺得爸爸媽媽，尤其是媽媽，都不喜歡我。

我爸生性緊張，年輕時非常暴躁，對我動輒打罵。我媽做了一輩子家庭主婦，不懂得經營自己的生活，只知道把所有心思放在女兒身上，什麼雞毛蒜皮的小事都要管。小時候，我可以因為便當沒吃完之類的小事被揍到屁股紅腫，更別說考試成績不理想時會被打得多麼慘了。甚至上了大學，我還是不時被拳打腳踢，往往只因為逛街買了一件媽媽不喜歡的衣服。

沒有親身經歷的人恐怕難以體會，一個經常遭到毆打辱罵的孩子，最難熬的並不是皮肉之痛，而是在痛苦之中，仍然掙扎著希望爭取爸爸媽媽的愛。

作家張愛玲說過：「孩子不像我們想像的那麼糊塗。父母往往都不懂得孩子，可孩子卻往往看透了父母的為人。」我不知道這句話對不對，但我知道，在成長的過程中，我一直在為父母找理由，合理化他們屢屢失控打傷我的行為。

對於爸爸，我替他找的理由是，出身軍人家庭的男人，幼時經歷母親離家出走的陰影，變得神經質且缺乏安全感，因此限制妻子外出社交工作。對於媽媽，我替她找的理由是，好強的女人卻被迫守在家裡當主婦，好勝心變成控制欲，一不如意就打小孩出氣。

在十幾年徒勞無功地爭取父母肯定的同時，我長大了。存了一點錢，就赴美念書然後工作，只想離那個家愈遠愈好。除了奶奶去世的時候，我再也沒有回過台灣，在台灣也沒了戶籍。十年過去，對那個家的記憶，只剩下身上幾個幼時被爸媽打傷留下的疤痕。

當我懷著小小豬的時候，媽媽在越洋電話裡說要來抱孫子，我只覺得毛骨悚然，心想：「妳又不喜歡小孩！妳連自己的女兒都不喜歡，現在來湊什麼熱鬧？」

但我爸媽畢竟還是來了。對因為乳癌切除了淋巴的媽媽來說，長途搭機是很辛苦的。母女相見，我一眼看到媽媽腫脹的右手臂，心想：「妳這手臂腫成這樣，抱小孩不是太吃力了嗎？」

但我媽一下飛機就開始抱小小豬了，且彷彿有魔法似的，小小豬再怎麼哭鬧，一到我媽手裡就安靜了。

我親餵母乳的時候一手抱小小豬，一手滑手機收信看新聞；我媽幫著餵奶瓶的時候卻專心致志地一邊抱著小小豬，一邊逗小小豬說話。小小豬很容易脹氣，我就餵醫生開的脹氣藥；我媽卻捨不得外孫吃藥受罪，每每花上一小時幫小小豬拍嗝。我給小小豬換尿片，屁股用濕紙巾抹一抹了事；我媽卻回回都把小小豬抱到浴室水槽邊，仔仔細細把屁股洗乾淨。

小小豬在外婆的悉心照顧下學會笑了，連江小豬都佩服地對我說：「妳媽真厲害，有妳媽在，沒有什麼搞不定的。」

我看到媽媽對小小豬這樣耐心，心裡卻說不上是什麼滋味。記憶中，我媽總是在生氣，總是在打我、罵我、甚至還會咬我。看著我媽照顧我兒子，我下意識摸摸自己左手背上小時候被媽媽咬傷留下的疤痕，不明白自己為什麼就不值得被這樣疼愛。

一個月過去，我爸我媽返台那一天，江小豬和我帶著小小豬，送我爸媽到機場。在機場小小豬狀況百出，一會兒鬧著要吃，一會兒濕了尿片，在機場育嬰室餵奶時小小豬邊吃邊鬧，換尿片換到一半又噴尿又拉屎，一口氣就報廢了三塊尿片，整得我火氣都來了。好不容易肚子餵飽了，屁股洗乾淨了，我媽臨上飛機還抱著小小豬拍嗝。

我在一邊沒好氣地對小小豬說：「你乖一點，這可是外婆最後一次給你拍嗝了，等等外婆就要上飛機了，看以後誰還這樣伺候你！」

我媽卻說：「妳別說他，小小豬比妳乖多了，妳小時候從早到晚都在哭，沒理由的哭，我都被妳搞成神經病了！」

我聽了，胸中一陣酸楚。這一個月來，我一直努力去想像，自己小時候被媽媽疼愛的樣子；但不管我怎麼努力，腦海中都只有那個披頭散髮暴打小孩的恐怖媽媽。我不明白，為什麼我媽對待女兒跟對待孫兒，有那麼大的差別。或許是媽媽老了，性情變了；又或許在我生命中的第一年的確也曾經被疼愛過，但那點薄薄的親情終究在積年累月、一而再再而三的教養失控與親子衝突中被熔蝕殆盡。

轉眼小小豬三歲了。成為母親以後，我更加不認同打小孩；三年來，我即使是在最生氣的時候，也沒有吼過小小豬一聲，更別說動手打他。與此同時，我對媽媽的憎恨與厭惡，卻逐漸轉為殷切的同情。有些心理學家主張，所有的孩子都愛父母，但不是所有的父母都愛孩子。我卻寧可相信，毆打孩子的父母並非不愛孩子，而是孤立又缺乏支援，以致在教養上束手無策。

我想給自己一個機會，做回那被疼愛的女兒，也想給媽媽一個機會，做回那慈愛的母親，更想給小小豬一個機會，正常地去認識外婆。於是，在小小豬三歲的大年初二，我終於帶著孩子回娘家過年了。母女和解的路可能還很漫長，但是，至少，過了十三年，我終於回娘家了。

滷豬腳，喚醒童年的快樂回憶

來美以後，有很長一段時間，我很少想起台灣，就算想起也不覺得有什麼可留戀的。有很長一段時間，我和江小豬兩個人在美國過得逍遙自在，把異鄉過成了新故鄉，整整十年沒有過農曆年，也不覺得需要過農曆年。

但是，人很奇怪，年輕的時候不在乎，但一生了小孩，就開始懷想自己的童年。有了小小豬以後，我們希望把家鄉的文化介紹給孩子，所以又開始過農曆年了。

跟在老家時一樣，我們過年也寫春聯，那灑金的紅紙，寫上幾個黑亮的毛筆字，往大門一貼，任憑誰經過都看得出來這家住的是華人移民。我們過年也發紅包，在美華人的習慣是一個紅包兩元美金（約合台幣六十元），比在國內「寒酸」很多，主要是因為剛過完美國最盛大的節日聖誕節，孩子們已經拿夠了禮物，包紅包只是討個喜氣。

年夜飯更是一定要吃。就算在迷你豬出生以後，我們小家庭也只有四口人，有些中菜食材在我們住的城市不易取得，所以年夜飯吃得比在國內簡單很多，但總是要吃的。一定會有一條魚、橘子、豬腳，其他就是看冰箱裡有什麼食材，隨意炒幾個菜。魚是為了年年有餘，橘子是為了大吉大利，豬腳是為了平常吃不到。

我奶奶很喜歡豬腳，所以從前過年的時候家裡一定會有豬腳。我也跟奶奶一樣喜歡豬腳，但來美國以後我先是住在東岸，整整三年都沒見過豬腳，而且很多美國人覺得吃豬腳、雞爪很噁心，我也不好意思吃。

當時我跟美國室友一起住，聽她們議論印度人做菜油煙很大令人難以忍受，為了表示尊重她們，我也不做有油煙的料理，多半是燕麥粥、三明治、沙拉度日。後來搬到西岸，因為這裡移民較多，一般人對各種異國料理接受度也大，中國超市、韓國超市都可以買到豬腳，我們就過年的時候在家裡吃一次。

我是來美國以後才學做菜的。做西洋料理還行，做中菜台菜那是完全不會。小小豬出生後第一次過年，我想做豬腳，上網查食譜，依樣搗鼓一番，用可樂代替冰糖調味，竟然像模像樣，賣相很好，味道也不差，用燙好的青菜圍盤一圈後端上桌，這張美國餐桌頓時就喜氣了，有台灣味兒了。小小豬學會啃豬腳時說：「好好吃，好想天天吃！」江小豬跟我都笑了，哪能天天過年呢！

歲月和味覺都是神奇的東西。成為母親以後，我致力與自己的母親和解，重新與家人來往。吃豬腳的時候，我總會想起從前在台灣過年的情形，那是我童年與家人在一起的時光中，少有的歡樂部分。這時候，那被我盡力拋諸腦後的童年記憶忽然就不再那麼沈重了，至少還有些歡樂的部分讓我去回味。

重新認識爸爸

小小豬兩歲的時候，我偶然讀到作家札德拉（Dan Zadra）的專訪，他的成名暢銷書就是寫他與祖母的關係。讀到他談帶孩子認識祖父母的重要性，我覺得很感動也很感慨，因為自己從來沒有機會好好認識祖父母。

我開始慫恿爸爸寫自傳，以作為未來教小小豬認識外公的依據。爸爸也真的認真地寫了起來，很快就有了上萬字的稿子。但我不肖，一直把這批稿子存在電腦裡，始終也沒去讀。直到後來生迷你豬，才利用產假斷斷續續地讀完。

我才發現，原來我並不認識爸爸。

從小，爸爸對我，與其說是嚴厲，不如說是粗暴。爸爸教我游泳，是一股腦兒的把我的頭往水裡壓；教我騎腳踏車，是把我放在車上往坡下猛推。姊妹同處一室，就算沒有互動，只要妹妹一哭鬧，爸爸就拿藤條打我，而且只打我一個人。

印象最深刻的是有一回，我坐在客廳落地窗前就著那點光線玩耍，爸爸要去陽台修理東西，見我擋在門前，就舉起榔頭大吼：「讓開，不然打死妳！」我嚇得連哭都不敢，連滾帶爬逃離現場，不知道爸爸為什麼發那麼大脾氣。那一年我六歲。

我不記得自己愛過爸爸。即使在我很小的時候曾經出於本能愛過他，那一點點愛也在我五歲以前，就被頻繁的打罵磨蝕殆盡了。

我也不覺得像爸爸這樣一個暴躁人的自傳會有什麼好看，但我還是看完了。爸爸的文筆樸實，很含蓄地勾勒出一個苦悶的童年。

爸爸的童年，要從他的媽媽、我的奶奶說起。

奶奶與爺爺的婚姻，是長輩安排的。當時已有心上人的奶奶激烈反抗，甚至逃家從軍，但還是被抓回家，做了爺爺的新娘。

爸爸三歲時，爺爺一家隨軍遷台。到了台灣以後，奶奶就離家出走，並與情人生下兩個孩子。奶奶對與情人生下的孩子非常疼愛，卻厭惡與爺爺生下的孩子，尤其厭惡爸爸。爸爸小學時，有一天在放學路上，看到奶奶在車站等車，高興地迎上去叫媽媽，奶奶卻嫌惡地背過身，對左右的人說：「不知道這瞎眼孩子是誰家的。」

爸爸在襁褓中感染砂眼，因為延誤就醫，導致一眼失明。聽到自己的媽媽那樣說，小小的爸爸一定很受傷很委屈吧。面對太太離家出走，加之軍旅生涯不順，爺爺也性情大變，冷不防就給身為長子的爸爸一個巴掌一頓罵。爸爸筆下的爺爺，和我記憶中的爸爸倒有七八分像。

被親生母親嫌惡的傷痛和委屈，在爸爸筆下，只有輕描淡寫的一句：「媽媽最後一次離家出走，回來以後，我發現媽媽割了雙眼皮，但我沒有說出來，只非常厭惡地藏在心裡。」就這樣，爸爸對奶奶拋夫棄兒的怨氣，全都由那雙厚得彆扭的人工雙眼皮承受了。

筆鋒一轉，爸爸寫道：「我常常拿太太的個性來跟媽媽做比較……我覺得我比爸爸幸運多了，女兒們也比我幸運多了……。」

爸爸對他的太太，也就是我的媽媽，管得很多，尤其不喜歡媽媽外出社交與工作。我小時候，有一段時間，媽媽去學國畫，有一天回家晚了，爸爸一邊摔東西一邊罵：「飯都不煮，去畫什麼畫！」後來媽媽便很少出門。

我在美國結婚的時候，爸爸在越洋電話裡對我誇稱，媽媽在生下我後整整十年都沒有出門，要我學媽媽的榜樣，不知道該怎麼辦的時候，就想想媽媽會怎麼做。

聞言我怒火中燒，幾乎喊出來，「你知道媽媽在家裡天天打我，邊打邊哭邊罵我，害她不能跟你離婚嗎？你要我學她那樣？」

當時我費了好大的勁才把這句話吞回肚裡，之後偶然想起，仍覺無明火起。現在我真慶幸我沒喊出那句話。可憐的爸爸！他從小不得母親的疼愛，他以為沒有母親陪伴的孩子是不幸的，他以為把太太關在家裡，便保全了女兒的童年。

很多事，他不知道；事到如今，也沒有必要知道了。他已經老了，他需要平靜。這個不幸的孩子，在國共內戰中躲在難民船艙底九死一生地逃了出來，在眷村被父親打罵，被母親厭惡，好不容易長大，作為工程師，參與了台北捷運、高雄焚化廠等重大工程，如今只要一個平靜的晚年，實在不能說是苛求了。

我來不及救助那患上砂眼而單眼失明的嬰兒，來不及安慰那被母親嫌惡的孩子，那被父親打罵的少年，現在，我至少可以給這個老人一點平靜。

又過了三年，我還在回娘家的路上

有一個女孩叫郁子，從小生長在教養院。教養院是收養孤兒、棄兒、受虐兒的地方。郁子是因為受到虐待，而被送到院裡。

郁子平常只穿長袖的衣服，因為她的手臂上都是傷痕，如果回到家忘了把鞋子放進鞋櫃裡、吃完飯沒有立刻把碗洗好、沒有在規定的時間內把功課做完，就會惹媽媽生氣。而媽媽只要一生氣，就會拿衣架打她。如果郁子哭出聲音，就會受到更嚴厲的懲罰，甚至被煙頭、熱水燙手。後來，小學老師發現了郁子的異常。雖然媽媽說自己是在管教女兒，兒福機構的人還是把郁子帶走了，安置在教養院。

四年後，郁子媽媽在律師的陪同下，出現在教養院，聲稱自己是因病而無法控制情緒，但現在已經改善，要接回已經上國中的郁子。雖然教養院的社工對於郁子媽媽的虐童紀錄感到疑慮，但是律師堅稱「那是四年前的事，郁子媽媽已經改變了」。加上地方政客向教養院施壓，社工最終不得不同意讓郁子回家。

回「家」那一天，郁子抱著「如果不做出任何改變，就會一直待在原處停滯不前」的心情，穿上了短袖衣服，第一次露出帶著傷疤的手臂，震驚了旁人。

面對詢問，郁子坦然地說：「我一點都不擔心，一直遮遮掩掩下去，不論是媽媽還是我，都將永遠無法前進。」

但是郁子錯了。媽媽認為女兒故意害自己當眾出醜，當晚就在盛怒之下拿熱水潑了郁子一身。警方到來時，郁子媽媽怒吼著，「放開我！都是她不好！都是因為她把我當白痴耍！」全身重度燙傷的郁子在媽媽的吼聲中，被送進了加護病房。

郁子的故事，後來被日本紀實作家石川結貴記錄下來，又被漫畫家藤澤亨改編為《湘南十四日》中的部分內容。漫畫中，郁子被超人般的麻辣教師鬼塚英吉所救，又接受了高明的植皮手術，變身時髦少女。但是鬼塚老師只活在漫畫裡，真正的郁子遠沒有那樣幸運。

我有與郁子相似的童年經歷。小時候，從姊妹衝突到考試成績不好，不論我做什麼都會惹媽媽生氣。而媽媽只要一生氣，就會拿藤條、衣架打我。如果我哭出聲音，就會受到更嚴厲的處罰。藤條裂開、衣架變形以後，如果媽媽仍無法消氣，就會抓我的手來咬。當小兒科醫師發現我的異常，媽媽卻堅稱我身上的傷是與妹妹打架受傷的，甚至聲稱我是一個有妄想傾向、說話誇大的孩子。爸爸待我也異常粗暴，一生氣就拿起榔頭、拐杖鎖威脅要打死我，叫我滾出去；這種時候，媽媽就在一旁冷眼觀望，說我活該。

但是我比郁子幸運多了。我沒有傷重到必須進加護病房的地步，成年後更逃離了那個恐怖的家，來美國念書就業。在美國結婚生子以後，我懷著與父母和解的心情，希望與他們重建關係，在小小豬三歲時，鼓起莫大的勇氣，第一次帶他回台灣的「娘家」過年。

我做了許多努力，去同理爸爸媽媽，對他們表示關心，希望與他們重建關係。但我的爸爸媽媽跟郁子的媽媽一樣，一味遮遮掩掩，與他們和平共處在一個屋簷下唯一的方法，就是不斷地演戲，假裝過去那一切都沒發生。我真的不知道，在這樣的基礎上，要怎麼去和解。

於是，三年過去了，我與父母的關係仍然沒有實質上的改變，我父母的行為也一如既往。我帶著一歲的迷你豬回台灣出差，在娘家小住，好幾次迷你豬一哭鬧，爸爸就破口大罵，「妳拿他沒辦法啊！滾出去，不要再回來了，煩透了！」

結果，我到出版社辦事，是合作的編輯幫我帶著迷妳豬在附近的麥當勞玩耍；我去電台上節目，是住在附近的大學學妹幫我照顧迷你豬。等迷你豬安靜下來，我才敢帶著他回「家」。這時媽媽又補刀，說妳爸罵妳也是關心妳、為妳好。

這一切的一切，跟我從小到大無數次被追打、被威脅的情形，一模一樣。唯一不同的是，我已經長大，知道我沒有做錯事，不會再一味責怪自己，更不會再聽信父母「打罵妳都是為妳好」的託辭。

我失敗的原因，我想，是因為我抱著「爸爸媽媽會改變、我可以敞開心胸跟他們討論過去」的期待吧！但三年過去，我終於認清，那種期待是不切實際的，也許在不久的將來，應該適時地放下。很多事，無法強求。已經疏離的家人，能夠做到表面上的和睦，其實也需要不小的力氣。至少，我的努力給了小小豬跟迷你豬機會去正常地認識外公外婆，目前，只要這樣就好了。

第一次帶小小豬回娘家時，我懷抱一定要成功的心情，寫過一篇〈回娘家的路，我走了十三年〉。如今才知道，原來回娘家的路，我還沒有走到，也許永遠走不到。

三年來，陸陸續續有讀者朋友寫信給我，有人鼓勵我，有人譏諷我，更多人分享自己的傷痛經驗，徵詢我的看法。我總是謝謝所有鼓勵我的讀者朋友，也對跟我一樣希望與父母和解的朋友說，雖然我失敗了，但不表示你們也會失敗，請不要灰心。這是一件值得努力的事，請一定要堅持到可以堅持的地方。

疫情讓我認清自己與娘家的關係

新冠肺炎疫情爆發後，加州政府在二〇二〇年三月發布居家令，從那時候開始，所有人在家裡關了一年，不能探親訪友，更別說是越洋旅行。

一年後的四月底，隨著美國疫苗普及，每日染疫人數降至新低，居家令終於鬆綁。我們左鄰夫婦帶孩子回加拿大看爺爺奶奶，右舍老太太的子女陸續帶著孫兒來訪。隔著院子的矮樹籬，我們聽見孩子的尖聲歡叫，看見一個小孩從停在右邊鄰居家門口的轎車上衝下來，跑向站在車道上、張開雙臂的鄰居老太太。然後，一對中年男女跟著下車，一家人在車道上擁抱歡笑。我們看著這一幕，覺得既感動、又羨慕，不知道什麼時候才輪得到我們。

又過了一年，我們終於可以回台灣了。這時候，小小豬和迷你豬已經超過兩年沒有見到爺爺奶奶或外公外婆。疫情爆發前我們最後一次回台灣，是二〇一九年間我帶著兩小豬孩短暫出差，在爺爺奶奶、外公外婆家各住了三天。

在那之後的兩年半，發生了許多事：迷你豬學會講話、學會認字、從幼兒園畢業。小小豬在線上課程中讀完了一年級、二年級，終於在升上三年級時恢復實體上課。

江小豬跟我在家一邊上班，一邊顧小孩。期間我出版了一本中文書，但受到疫情影響，沒有像以往一樣回台灣宣傳新書。

就這樣，有將近三年的時間，小小豬跟迷你豬沒有跟爺爺奶奶或是外公外婆見面。最後一次回台灣才剛兩歲的迷你豬，很快就忘了四位祖父母。這段期間，隔著太平洋，我們盡量透過電話或視訊，讓祖父母繼續參與孫兒的成長。小小豬喜歡畫畫，建築師退休的外公也很擅長畫畫，祖孫常常寄作品交流。我們一直期待著大家都打好打滿疫苗的那一天，因為這樣我們就可以見面了。

但這暌違已久的團圓，卻不完全是想像中的甜蜜，而是苦澀不已。

二〇二二年初，我們終於訂好暑假回台灣的機票。小小豬和迷你豬的爺爺奶奶花了好幾個月，張羅我們的到訪。老人家擔心乖孫在窄小的防疫旅館關七天會悶壞了，商請親戚把閒置的公寓借給我們住。當我們搭乘防疫計程車來到爺爺奶奶幫我們安排的檢疫公寓，只見窗明几淨，冰箱裡的食材、櫥櫃裡的必需品都塞得滿滿的，桌上還放著切好的水果，長途旅行的疲倦全都一掃而空。

居家檢疫期間，爺爺奶奶每天幫我們送早餐，把餐點放在門口然後按電鈴。我們戴著口罩出來拿取時，兩個老人家也戴著口罩，站得遠遠地對我們揮手。小小豬和迷你豬幾次想要衝出去，江小豬和我費了好大力氣才攔住。

完成居家檢疫跟自主健康管理以後，先在宜蘭婆家住了幾天，感受到爺爺奶奶對我們的熱烈歡迎。接下來，我迫不及待地帶著小小豬跟迷你豬回台北娘家，但是娘家的氣氛，跟婆家完全不一樣。

爸爸對疫情還是很不安，我們回「家」那天，他老人家從頭到尾都戴著口罩。吃飯的時候，他一個人在廚房裡吃，不與大家同桌。別說江小豬跟我覺得彆扭，連小小豬跟迷你豬都覺得奇怪。

妹妹說，自從我們計劃回台灣，爸爸就很焦慮，說就是我們這些旅外國人把病毒帶回台灣。爸爸想寫信叫我們別回家，媽媽攔著，說這樣對親家不禮貌，爸爸媽媽還因此大吵了幾次。娘家氣氛這麼緊張，搞得我們也坐不住，草草吃完一頓飯，就逃命似的趕回宜蘭。臨走，媽媽對我說：「妳以後不回來也沒關係。」回宜蘭的路上，我感到難言的悲傷。人家說嫁出去的女兒就是潑出去的水，我的感受從來沒有這麼深刻。

我和父母感情淡漠，爸爸又是一個生性緊張的人，我們不可能改變他。我想，除非疫情完全過去，否則我這桶潑出去的水，再也不可能好好地在娘家坐下來吃一頓飯了。

但就算疫情「過去」。我們能回到舊日的「常態」嗎？其實，就算在疫情之前，我也帶著孩子被娘家趕出去過。俗語說患難見真情，也許不是疫情改變了我與娘家的關係，而是疫情讓我看清楚了這層關係。

新冠疫情帶走了很多東西。許多人命，媽媽們的「村子」，還有一些再也回不去的人際關係。那次返美以後，我果然再也沒有在娘家坐下來吃過一頓飯了。

最後，我終於放棄了回娘家

上學年結束的時候，小小豬在中文學校期末考不及格。當他天真無邪地在電話裡向他外婆、也就是我媽提起此事時，我媽輕描淡寫地說：「沒關係，下次再努力，你媽小時候考不及格，我從來不會處罰她。」

在旁邊的我一聽，就愣住了。事實上，我小時候考試別說不及格，只要沒滿分，我媽就會生氣。而我媽只要一生氣，就會打我，往往把我打到皮開肉綻。媽媽甚至會抓我的手來咬，至今我的手上仍留有傷疤。當學校老師發現我的異常，我媽卻堅稱我身上的傷是與妹妹打架受傷的，甚至在親友間把我描述成一個妄想、誇大的孩子，以污衊我來掩飾自己的情緒問題。

我真的不敢相信，過了這麼多年，我媽還在繼續說著同樣的謊言，而且是對我兒子說。

小小豬跟他外婆聊完，把電話交給我，蹦蹦跳跳地跑回自己房間。我接過電話，忍不住對我媽說：「媽，謝謝妳鼓勵小小豬，但為什麼要提我小時候的事？還說謊？」

我媽說：「我說什麼謊？」

我說：「妳說妳從來不會處罰我。妳知道妳自己在說謊嗎？」

我媽生氣地說：「那些事情我都忘了！妳要再扯以前的事，我們就不必再聯絡了！」

媽媽說完這句話，就掛了電話，之後更把我封鎖了。

過了一個月，我要帶小小豬和迷你豬回台灣過暑假，媽媽把我解鎖，打電話來，若無其事地說：「這次你們回來，還是一樣住妳小時候的房間。」

我深吸一口氣，慢慢地說：「謝謝媽，但是我經過仔細考慮，決定今年、還有以後回台灣，都不會再住妳家了。」

對我來說，這是一個痛苦的決定，不是一次跟媽媽言語不合的結果，而是非一日之寒造成的冰凍三尺。走過殘破童年，長大以後我逃離了那個恐怖的家，來美國念書就業。結婚生子以後，我懷著與爸爸媽媽和解的心情，在長子小小豬三歲時，鼓起莫大的勇氣，第一次帶他回台灣的「娘家」過年。

我做了許多努力，希望在互相理解的基礎上，與爸爸媽媽重建關係，但他們卻只想假裝過去的一切都沒發生過。沒有反省，就沒有道歉；沒有道歉，就沒有原諒；沒有原諒，就無從和解。我一次又一次的嘗試，換來的只有身心俱疲與二次傷害。

於是，這麼多年過去了，我與父母的關係仍然沒有實質上的改變，他們的行為也一如既往。考量到我自己的心理健康，以及小小豬、迷你豬的健全發展，我終於看清，再繼續回娘家，對大家來說都是一種心理負擔。終於，我放棄了回娘家。

對於這個決定，我當然可以隨便找個藉口，說孩子大了，娘家房子小，住起來不方便。但我無法自欺欺人的是，房子裡如果充滿愛，再小都沒關係；但我娘家那房子裡有的不是愛，是童年陰影和有毒的父母。

如果你身邊也有與父母疏離的朋友，請你：

1. 不要對他們說：你爸媽把你養育得很好啊。一個人能順利長大有很多原因，請不要把他的優點歸功給虐待他的父母。

2. 不要對他們說：你應該要往前看，把不愉快的事放下。每個人都有自己療傷的步調，面對和處理自己的創傷，是堅強，不是缺陷。

3. 不要對他們說：你應該要感恩，還有很多人比你慘。傷痛不能比較，就算有孩子不幸被虐殺，也不代表其他倖存下來的受虐兒應該要感恩。

4. 不要對他們說：他們畢竟還是養你長大。生兒育女是父母的決定，不是孩子的選擇。父母養育孩子是在為自己的決定負責，不是在對孩子施恩。

5. 不要跟他們說：你就只有一對父母，他們過世你會後悔。這是赤裸裸的情感勒索。父母過世，受虐的孩子的確會遺憾，遺憾的是父母不曾反省自己造成的傷害，永遠失去了和解的機會。

6. 不要對他們說：沒有人是完美的。疏離是個冗長而持久的過程，不是因為某事的發生使某個家人突然決定不跟另一個家人聯絡。親子關係尤其如此。親子關係只會在積年累月的傷害中被逐漸熔蝕，不會因為一個晚上的爭吵就被破壞。父母傷害孩子傷到孩子決定疏遠他們，這已經不是不完美，而是很糟糕了。

7. 不要對他們說：父母盡力了，他們童年也很糟。經歷過殘破童年的人，應該有機會了解被錯待的痛苦；是要成為更好的人，還是重蹈覆轍，都是他們自己的選擇，請不要為虐待孩子的父母找理由。

如果你跟我一樣，是選擇跟原生家庭疏離的人，請時時提醒自己：這不是你的錯，就算你不完美，也值得被愛與被尊重。如果有一天，你也為人父母，請記住，作為父母親，我們有力量，讓傷害到我為止。

後記

有些時候，離家才能找到自我

曾多聞

有些人的童年是幸福的泉源，有些人的童年卻是黑洞，負面的記憶在成年以後的日子裡繼續不斷地消耗正能量。有些孩子的家是避風港，有些孩子的家卻是枷鎖，不但不能遮風擋雨，反而壓迫、欺凌沒有反抗能力的孩子。

有幸福的童年和溫暖的家，是一件幸運的事。但是，就算沒有幸福的童年、沒有溫暖的家，我們還是可以靠自己的力量掙脫枷鎖，找到屬於自己的幸福——這是我決定不再回娘家以後，最大的體悟，也是這本書想要表達的。

後記　有些時候，離家才能找到自我

離家的過程並不簡單，我花了二十年，才真正走出來。走出來以後，我才發現，這個過程中最大的困難並不是擺脫父母對我的控制與虐待，而是克服自己的恐懼感與罪惡感。

常常有讀者朋友問我：「妳都上大學了還會被打？那妳怎麼不跑？大學生應該有力氣可以跑了啊！」

是的，大學生已經有力氣可以跑了。但有些東西，比力氣更能控制人的行動。

例如恐懼感。從小被灌輸「妳是白痴、廢物、沒用的東西，離開我們妳什麼都做不了」，讓我真的害怕自己離開家以後就活不下去；許多次試圖反抗以後被打到皮開肉綻的經驗，也讓我害怕跑了以後如果被抓回來，會遭到更嚴厲的處罰。

還有罪惡感。從小不只被父母、更被整個大文化灌輸「天下無不是的父母」、「打在兒身痛在娘心」、「爸媽打你都是為你好」。讓我真的以為自己是壞孩子，離家是非常壞的行為，甚至想離家的念頭都是不可原諒的。

但只要踏出第一步，這一切都可以克服：我所需要的，其實只是改變自己的勇氣，還有一點時間。離家來美以後，我才知道，被愛、被尊重、像個人一樣活著，是什麼感覺。在那之後，從療癒自己、建立自己的家庭、試圖與父母和解、到認清失敗與決定放手，我花了整整二十年。我的結局沒有很圓滿，家人疏離畢竟不是一件好事，但沒有什麼比失去自我更不幸。認清這一點，知道自己盡了力也做了對的決定，就夠了。

放棄回娘家以後，我每次返台，還是會帶著小小豬跟迷你豬，去跟娘家的父母吃個飯，但都是約在外面餐廳，我沒再踏進娘家過。放棄跟父母和解以後，吃飯時我就和他們說些不著邊際的客套話，不再努力去關心他們的生活或了解他們的心情，這樣其實也滿輕鬆的。

最近一次跟娘家人聚餐後，上車離開前，我媽對小小豬說：「記住外婆的話，好好學中文，以後自己回台灣看外婆。媽媽沒空來看外婆，你自己來看外婆。」

車門一關上，小小豬就用英文對我說：「外婆為什麼說妳沒空去看她？她不知道妳不是沒有空，只是不想去看她嗎？因為她一直打妳，都沒有說對不起。她不會說對不起嗎？」

我用中文回答：「外婆不是不知道，是不想面對。一個人自己不願意改變，就沒有人可以改變他。」

我不能改變父母，不能改寫童年，但我可以改變自己，走出創傷，找到自我，建立新的家庭，斬斷代際傷痛。療癒不是等別人道歉，而是要自己覺醒。我常常跟江小豬開玩笑說，一般人都是二十歲就成年了，我覺得自己四十歲才成年。他總是很識趣地回說，那當然，妳現在的樣子看起來就像二十歲。

我自己知道，我如今的樣貌當然不可能是二十歲的樣子，但我可以很有信心的說，不管是身體還是心靈，我從來沒有比現在更強大。原諒父母以後，普天之下再也沒有我不能原諒的人。走出童年創傷，普天之下再也沒有我跨不過去的檻。

Self-Help S
S12

代際創傷
讓傷害到我為止

作　　者｜曾多聞
責任編輯｜鍾宜君
封面設計｜張巖
內文設計｜簡單瑛設
校　　對｜呂佳真

出　　版｜晴好出版事業有限公司
總 編 輯｜黃文慧
副總編輯｜鍾宜君
編　　輯｜胡雯琳
行銷企畫｜吳孟蓉
地　　址｜231023 新北市新店區民權路 108-4 號 5 樓
網　　址｜https://www.facebook.com/QinghaoBook
電子信箱｜Qinghaobook@gmail.com
電　　話｜（02）2516-6892　　傳　　真｜（02）2516-6891

發　　行｜遠足文化事業股份有限公司（讀書共和國出版集團）
地　　址｜231023 新北市新店區民權路 108-2 號 9 樓
電　　話｜（02）2218-1417　　傳　　真｜（02）2218-1142
電子信箱｜service@bookrep.com.tw
郵政帳號｜19504465（戶名：遠足文化事業股份有限公司）
客服電話｜0800-221-029　　團體訂購｜（02）2218-1417 分機 1124
網　　址｜www.bookrep.com.tw
法律顧問｜華洋法律事務所／蘇文生律師
印　　製｜韋懋印刷
初版一刷｜2025 年 5 月
定　　價｜380 元
I S B N｜978-626-7528-83-9 (平裝)
E I S B N｜978-626-7528-84-6 (EPUB)
E I S B N｜978-626-7528-85-3 (PDF)

國家圖書館出版品預行編目 (CIP) 資料

代際創傷 : 讓傷害到我為止 / 曾多聞著 . -- 初版 . -- 新北市 : 晴好出版事業有限公司出版 : 遠足文化事業股份有限公司發行 , 2025.05
208 面 ; 17×23 公分
ISBN 978-626-7528-83-9 (平裝)
1.CST: 家庭關係　2.CST: 心理創傷　3.CST: 心理治療　4.CST: 家庭心理學
544.1　　114004375